AF454022

THÈSE

pour

LA LICENCE

Buart.

UNIVERSITÉ DE FRANCE. — ACADÉMIE DE RENNES.

FACULTÉ DE DROIT.

THÈSE POUR LA LICENCE

JUS ROMANUM..... — De contrahenda emptione (Dig., lib. XVIII, tit. 1; Cod., lib. IV, tit. 38; Justiniani, Institut., lib. III, tit. 23.)

DROIT FRANÇAIS... — De la vente et de ses principales conditions de validité (Code Civil, art. 1582-1601, art. 1689-1691; Code de Com., art. 109.)

Cette Thèse sera soutenue le vendredi 4 août 1871

A DEUX HEURES DU SOIR

Par M. BUART (Marie-Jules-Joseph)

Né à Pontivy (Morbihan), le 2 août 1850.

EXAMINATEURS :

MM. BODIN, doyen; DURAND, professeur; MARIE et GUÉRARD, agrégés, chargés de cours.

RENNES,
T. HAUVESPRE, IMPRIMEUR-LIBRAIRE
4, rue Nationale, et rue de Viarmes, 15.

1871

AD DILECTISSIMI PATRIS MEMORIAM

*Quæso a vobis qui mihi estis charissimi, ut mihi liceat nomen vestrum
huic opusculo præscribere :*

MEIS ET AMICIS

JUS ROMANUM

DE CONTRAHENDA EMPTIONE

(Digest , Lib. XVIII, Tit. 1; Cod., Lib. IV, Tit. 38; Justiniani, Institut., Lib. III, Tit. 23.)

PROŒMIUM

Emptio. — Venditio est contractus quo alter, *venditor*, alteri, rem in libera ac vacua possessione habere licere præstaturum se promittit, alter, *emptor*, alteri, *venditori*, pretium dare vicissim obligatur; breviter ut dicam, contractus est quo alter de re tradenda, alter vero de pretio solvendo tenetur.

Quippe quæ emptio et venditio appellatur, quia duobus hisce factis seu partibus constat, emptione et venditione quæ juncta unum contractum constituunt. Emptio dicitur factum ejus a quo pecunia debetur: inde ille *emptor*; *venditio* nuncupatur factum ejus a quo res proficiscitur: inde ille *venditor*.

Origo emendi vendendique ex permutationibus venit. Olim enim non erat nummus; neque aliud merx, aliud pretium vocabatur : sed cum cuique ex rerum aut temporum vicibus necessitas institerat, utilibus inutilia quisque permutabat. Usu tamen quotidiano quam difficilis et impedita rerum permutatio accurreret, omnes manifestum habuerunt. Sæpius enim alteri, id ipsum quod alter cupiebat, permutandi non erat facultas. Tunc demum inventa est materia cujus publica ac perpetua æstimatio difficultates permutationum, æqualitate quantitatis, discuteret; tunc ea materia in publicam formam inducta est, ita ut in usu nummi non tam ipsa substantia seu corporis ipsius species animadvertatur, quam quantitas seu æstimatio.

Est autem emptio contractus juris gentium, bonæ fidei et synallagmaticus. Ideo solo consensu, et inter absentes, per nuntium, vel per litteras peragitur. Imo etiam tacito consensu perficitur. Mimine igitur ad emptionem perfectam scripta necessaria sunt, nisi aliter conventum fuerit. Quod si vero in contrahendo contractum scriptum emptor ac venditor convenere, noluit Justinianus perfectam haberi venditionem, nisi instrumentum vel manu propria contrahentes descripserint, vel ab alio quidem descriptum, suscribendo approbaverint.

Tanquam in contractibus qui consensu perficiuntur, possis distinguere contractus perfectionem a consummatione sive implemento. Simul atque de re et pretio convenerit, emptio-venditio contrahitur; consumunt rei traditio et pretii numeratio emptionem et venditionem: qui extremus est finis contrahentium.

Cujus operis ab initio, nec emptione, nec venditione jus dominii unquam translatum est. Ne dominium quidem se daturum emptor obligat. Venditio enim obligationes tantum secum trahit.

Tria igitur sunt elementa quibus perfectis emptio perfecta est, scilicet: Res quæ veneat, pretium quod pro ea re constituatur, consensus de re et pretio.

Operæ nobis pretium est ut illa quæ ad hujus contractus substantiam pertinent dispiciamus. De quibus autem in prima parte separatim disserendum est.

PRIMA PARS.

CAPUT PRIMUM.

De re quæ veneat.

Ut valeat venditio necesse est I: Ut res adhuc existat, cum vendatur. — II. Ut res in commercio sit. — III. Ut res a nobis emi possit.

I. — *Res existere debet tempore venditionis. Nec emptionem, nec venditionem, sine re quæ veneat, intelliges.*

Etsi in corpore fuerit consensus, si tamen ante venditionem in rerum natura esse desierit, nulla est venditio. Unde ea constitutio : — Emit Primus a Secundo servum vel domum. Pone mortuum hominem vel exustam villam, antequam peracta sit venditio. An valet venditio? Distinguendum.

1° Periisse rem ignorant emptor venditorque. — Conflagrata domus est, et area exstat: non tamen res vendi potest, cum non sit. Inde, si pretium solverit emptor, repetere poterit condictione ob causam dati, re non secuta. Non actionem ex empto habet: non stetit venditio. Ita si res tota perierit. Res vero deterior tantum facta fuit. Videndum quanta pars damni; aut amplior dimidia pars manet salva, aut non manet. Si mancat, valet venditio et minuitur tantum pretium. Quippe quæactio bonæ fidei ex empto sit. Si non mancat, venditio nulla est, solutumque pretium condici potest a venditore. Haud dubium est enim quin, re deperdita, non valeat venditio. Valet, si amplior dimidia maneat ; non valet, si minor. Inde sœpius fit ut, cum totam domum magnopere cupias, domus partem invitus accepturus sis.

2° Sciebat emptor, ignoravit venditor rem periisse. — Valet venditio ; inde emptor solutum non repetit pretium ; solvere contra debet. Quæ juris Romani lex nimis gravis asperaque mihi videtur. Distinguam potius. Si res partim perierit ; res exstat, vendi potest : emptor præsumitur minus pretium tradidisse, cum non ignoraret quid actum fuerat. Si vero tota perierit, nulla res quæ veneat : nulla venditio.

3° Venditor rem periisse pro certo habuit : ignoraverit emptor. — Si perierit tota, nulla res est : ita nulla venditio apparet. Nec placet mihi scientiam venditoris licitam videri culpaque immunem. Si partim perierit, res est : venditio tenet, quantacumque pars ædificii vel rei supersit. Venditori actionem ex vendito exercendi certa facultas erit, emptori quidem quod interest restituere necesse hebebit ; nec adprobandum. Fragmenta vel minima domus erunt tradenda emptori, qui rei reliquam ac parvulam partem accepturus erit.

4° Non ignorabant venditor emptorque rem periisse. — Si res tota perierit, nulla venditio, cum sit nulla res.

Si res partim perierit, distinguendum. Inter emptorem venditoremque nulla intervenit conventio, tacita utriusque scientia fuit de jactura rei, dolus scilicet ab utroque procedit (quod lex 57 *de contrahenda emptione* § 3, ponit) : nulla tunc venditio. Forsitan aliquis dicat emptorem scientem egisse : « Necesse est ut valeat venditio : haud dubium est enim quin minus pretium de re dederit emptor. » Respondetur nullam tamen in hoc casu venditionem. Pone quidem venditionem ac emptionem expressis verbis convenisse, jacturam non ignorantes : valere debet venditio, quamvis lege non distinguatur ; non enim illicitum ædificia deteriora facta emere.

II. — *Oportet ut res in commercio sit.*

Venditio valet, si res nondum quidem existebat, quum veniit, sed futuram tamen crederetur, quæ postea exstiterit. Unde fructus et partus futuri et frumenta futura recte ac jure emi possunt. Item juris alicujus constituendi valet venditio.

Omnium rerum quæ sunt in commercio, vel intra patrimonium; quas quis habere, vel possidere, vel persequi potest, venditio recte fit. Quas vero natura, vel gentium jus, vel civitatis mores, commercio exemere, earum rerum nulla est venditio.

Ita finge rem sacram vendtiam fuisse aut hominem liberum. Num valet venditio ?

1° Venditor emptorque ignorant rem sacram esse. Valet venditio; actio ex empto conceditur emptori, quanti interest obtinebit. Nonne enim in culpam decidit ille qui vitium rei a se venditæ nesciebat? Supra, in fere pari specie, si res perierit, actionem ex empto denegavimus: nec incivile est. Meum est venditæ rei vitium cognoscere, non jacturam.

2° Sciens erat emptor, venditor ignorabat. In quo casu, nulla esse videtur venditio. Inde nulla actio ex empto, neque ex vendito.

3° Sciens erat venditor, sed emptor ignorabat. Venditio valet; emptor actionem ex empto habet, ut quanti interest obtineat. Nec in eo casu dubium id esse potest, cum etiam si venditor ignoraverit rem venditam extra patrimonium fuisse, quanti interest emptori rem vero venditam fuisse, emptor consequi facillime poterit.

4° Venditor emptorque sciebant. Nulla tunc venditio, non enim res est; nec jam actio ex empto datur.

Quæ ut uno verbo omnia contineam, venditorem inspicere inutile est.

Præter illas res, quarum e natura sua commercium non est, sunt aliæ quas e bonis moribus aut legibus, senatusve consultis aut imperatorum constitutionibus emere et vendere non licet : sic venena mala, servus fugitivus, ædes ut destruatur, nisi habet ædificium.

E constitutione Arcadii Honorii, sub pœna capitis prohibetur vendere publici Canonis frumenta, id est, frumenta destinata ad annonam popularem. Prohibitum quoque est vendere-frumentum quod exercitui mittitur, sub pœna proscriptionis in honestiores, et capitis in viliores; — purpuram utpote soli principi reservatam, sub pœna capitis.

Quin etiam de alicujus adhuc viventis successione minime agere poteris. Et non solum res corporale s, sed et jura vendere vel emere possumus, sicut usumfructum. Usus tamen et habitationis jus non emetur.

Alienarum quoque rerum, non solum suarum recta venditio est, quamvis nemo plus juris in alium transferre possit quam ipse habeat. Quæ tamen ratio juris Romani fuit, qua venditio rei alienæ valeret? Persæpe responsum fuit : tenet, quia venditor non daturum, sed traditurum rem sese obligaverit, quia tantum lege adstringitur venditor quantum emptori rem habere liceat. Falsa quidem opinio. Venditio enim valet; venditor a vero domino rei dominium ac potestatem sibi cedi tentabit, ut ipse emptori agenti transferre possit.

Etsi tamen valeat rei alienæ venditio, aliquando cadit; veluti si rem tuam, a me qui per errorem rei dominus existimabar, emeris. Nec distinguendum si emptor sciens, vel ignorans fueris rem tuam emisse.

Pauca de venditione rei alienæ adjiciam. Quæ venditio rei alienæ eodem fere modo peragitur, quo valida venditio. Obligationes creat statim. Emptor pretium solvere debet. Si tamen lis oriatur adversus eum, jamque in eo sit ut rem perdat, solutionem pretii denegare legitime emptor potest, nisi in hac ultima specie, satisdare paratus sit venditor. Si vero emptor ab initio pro certo habuerit rem alienam esse, numerandis nummis abstineat necesse est. Nullam enim actionem habebit evictus.

Inde valet venditio rei alienæ. Si tamen evictus fuerit emptor, ex empto aget ut quanti interfuit non evinci obtineat. Si nondum evictus fuerit, venditorque mala fide fuerit, emptor empti actionem exercere poterit, cum venditor obligationibus fructus fuerit. Quæ quidem actio ex mala fide, neque ex re minimo præstata, orietur.

Hoc tantum Gallicum jus Romano dissimile, quod emptor agere possit Gallicus, venditorem ante evictionem, bona fide vendidisse etiam si pateat. Videbimus infra in hujus operis Gallica parte, quam Romanis dissimilia Gallici juris principia esse videantur.

Quin etiam, spei emptio valida sit, veluti quum emitur alea, veluti

captura piscium vel avium ; et emptio contrahitur, etiam si nihil ca-
piatur.

E lege Duodecim Tabularum res furtiva emi non potest : si tamen
hoc vitium emptor ignoraverit, valebit emptio. Unde : item si emptor
et venditor noverunt furtivum esse quod vænit, a neutra parte obligatio contrahitur. Si emptor solus scit, non obligabitur venditor ; nec
tamen ex vendito quidquam consequitur, nisi ultro quod convenerit
præstet. Quod si venditor scit, emptor ignoravit : utrinque obligatio
contrahitur. Et ita Pomponius et Paulus quoque scripsere.

III. — *Denique necesse est ut res vendita a nobis emi possit.*

Propriæ rei emptio non valet, sive sciens, sive ignorans emi ; sed
si ignorans emi, solutum repetam, quia nulla fuit obligatio. Nec tamen
emptioni obstat, quum usufructuarius rem emit, in qua usumfructum
habet : quippe quæ non in dominio res versetur. Hinc etiam, si ita res
erat emptoris, ut ei auferri possit, adeo valet emptio, ut non possit
ei auferri.

Quin etiam mea res a memetipso emi potest, hac tantum conditione
si mea esse res desierit.

Inter patrem et filium contrahi emptio-venditio non potest, nisi de
rebus castrensibus.

Non licet exofficio, quod administrat aliquis aliquid emere vel per se,
vel per alterum. Gravissima causa eas re, quarum administratione fun-
gimur, emere prohibemur, scilicet ad fraudes vitandas, et quia non debet idem circa eamdem rem et venditoris et emptoris personas gere-
re. Quare nec tutor, nec curator, procuratorve aut mandator, et omnes
qui negotia aliena gerunt, res quas gerunt emere queunt. Attamen,
auctione publica, tutor et quivis alius administrator, partem ex bonis
administrandis emere non prohibentur. De tali auctione legem res-
cripserunt Diocletianus et Maximianus ac Zeno.

CAPUT SECUNDUM.

DE PRETIO.

Quemadmodum sine re quæ veneat nulla emptio-venditio intelligitur, ita sine pretio quod vicissim præstetur, nec emptio, nec venditio esse potest.

De hoc pretio tria requiruntur : *serium, certum,* et *pecunia* constet necesse est.

I. — *Serium* intelligitur pretium, quum nec simulatum nec derisorium est.

Hinc, cum donationis causa in venditione aliquis pretium rei simulatum ponit, vendere non videtur. Nuda enim et imaginaria venditio nulla est. Et ideo nec alienatio ejus rei intelligitur. Valebit vero ille contractus in donationis formam, postquam traditio secuta fuerit. At si quis, donationis causa , minoris vendat, venditio valet, nisi inter virum et uxorem, quibus directe aut indirecte inter se donare non licet.

Non valet quidem emptio-venditio, nisi initio pretium serium fuerit constitutum. At nil refert quod, posteaquam constitutum est, non fuerit solutum : non enim pretii numeratio, sed conventio sine scriptis habitam emptionem-venditionem perficit.

Derisorium pretium est, si quis fundum nummo uno vendiderit; non venditionem sed donationem ita feceris.

II. — *Certum* debet esse pretium. Igitur constat non valere venditionem, cum emere valenti sic venditor dicit : « Quanti velis, quanti quum putaveris, quanti æstimaveris, habebis emptum. »

Quæritur an in arbitrium tertiæ personæ conferri possit pretium. Quod olim dubium controversumque videbatur. Sed bene constituit Justinianus ut quasi sub conditione facta emptio penderet; ita ut, si persona illa pretium definierit, secundum ejus æstimationcm pretium persolveretur; si non definierit, corrueret venditio. Quod si ille qui nominatus est, vel pretium noluerit definire, vel non potuerit, tunc emptio-venditio nulla erit.

Certum est quoque illud pretium quod actu in se principaliter certum est, quamvis de eo inter contrahentes nondum constet. Hinc hujusmodi emptio: « Quanti tu emisti, quantum pretii in area habeo, » valet.

Pretium quidem quod principaliter constituitur, debet esse certum. Cæterum huic pretio potest aliquid incertum tanquam accessorium adjici.

III. — Denique oportet in *pecunia numerata* pretium constitui. An sine nummis venditio stare possit, olim disserebatur : veluti si ego togam dedi, ut tunicam acciperem. Sabinus et Cassius venditionem, Nerva et Proculus permutationem esse putabant. Sabinus Homero teste utebatur, qui exercitum Græcorum Gære, ferro, hominibusque vinum emere refert. Multis nominibus, principaliter autem quia actionem præscriptis verbis minime accipiebat, venditionem ad permutationem non discernebat Sabinus. Sed verior est Nervæ et Proculi sententia : nam ut aliud est vendere, aliud emere, alius emptor, alius venditor ; ita aliud est pretium, aliud merx : quod in permutatione discerni non potest, uter emptor, uter venditor sit.

Necesse quidem est pretium ex nummis constare : sit tamen ut liceat pacisci emptorem quid aliud, præter hanc pecuniam, daturum aut facturum. Hinc, si vendidi tibi insulam certa pecunia, et ut aliam insulam meam reficeres, agam ex vendito ut reficias. Si autem hoc solum, ut reficeres eam convenisset, non intelligitur emptio et venditio facta.

Denique sufficit pretium, tempore quo contrahitur, in pecunia constitui : nec refert quod postea aliud vice pecuniæ solutum sit.

CAPUT TERTIUM.

DE CONSENSU.

In venditionibus et emptionibus consensum debere intercedere palam est. Unde, sive in contractus natura, sive in pretio, sive in re dissentiant contrahentes, emptio est imperfecta.

Maxime autem in ipsa emptione consentire debent; id est, in hoc placitum consentire ut alter alteri præstare rem pro domino habere licere, alter alteri vicissim pretium dare obligetur. Quod si igitur in hoc dissentiant, aut in aliud consentiant, non est emptio venditio. Nemo enim videtur rem vendidisse, de cujus dominio id agitur ne ad emptorem transeat : sed hoc aut locatio est, aut aliud genus contractus.

In pretio etiam consensus requiritur ; nec valebit contractus, si alter alterum pretium statutum esse crediderit.

Debet esse consensus erroris, doli, vis ac metus expers.

Requiritur etiam consensus in re quæ veneat. Si in ipso corpore dissentimus, apparet nullam esse emptionem. Quid autem si in ipso corpore non erratur, sed in substantia error fit, ut puta si acetum pro vino veneat, æs pro auro ? Quod magnopere dubium agitatumque fuerat inter omnes illos, qui vim legum ac potestatem tenebant. Scribit Marcellus emptionem esse et venditionem, quia in corpus consensum est, etsi in materia sit erratum. Sed plerique pro certo habent nullam esse emptionem-venditionem, quoties in materia erratur. In ea re contrahentium voluntatem præcipue spectandam esse censeo.

Error quidem in qualitate substantiali rei venditæ contractum vitiat. Secus est de qualitate accidentali : unde, postquam dictum est nullum esse contractum, quum mensa argento cooperta pro aurea veniit, statim subjicitur : aliter atque si aurum quidem fuerit, deterius autem quam emptor existimaret ; tunc enim emptio valet.

Errori materiæ comparari potest error in sexu : sexus enim substantiam mancipii venditi constituit ; unde iste error vitiat contractum.

Si in nomine dissentiamus, valet venditio, quum de corpore constet.

Non vitiat emptionem-venditionem error vel dissensus, cum circa accessoria duntaxat contractus versatur.

Noli non observare, circa omnia quæ de consensu et errore diximus, quod, in hujusmodi quæstionibus, personæ ementium et vendentium spectari debent, non eorum quibus adquiritur ex eo contractu actio.

Qui per vim aut metum coactus rem vendidit, haud minime obligatur. Quod bene constituerat prætor. Solo enim jure civili vigente, vis aut metus consensum non vitiabant : « Coacta voluntas, sed voluntas. »

Qui dolo et insidiis emptoris deceptus aliquid vendidit, non obligatur.

Consensum in emptione-venditione necessarium esse diximus : inde, furiosi nullum esse consensum manifestum est ; idemque de pupillis dicendum.

SECUNDA PARS.

CAPUT PRIMUM

De pactis quæ emptioni-venditioni adjici solent.

Multa sunt pacta quæ contractui emptionis-venditionis adjici solent. Quorum celeberrima haud dubio sunt : *pactum addictionis in diem, lex commissoria, de retrovendendo, et si displicuerit emptori.*

In diem addictio est pactum, quo inter contrahentes convenit ut si venditori intra certum tempus melior allata fuerit conditio, res sit inempta. Quæ venditio sub conditione resolutiva concipitur.

Lex commissoria ea est, qua inter emptorem et venditorem convenit, ut si intra definitum tempus pretium solutum non sit, res inempta habeatur.

Pactum de retrovendendo est quo venditor sibi reservat facultatem, restituto pretio, rem venditam ab emptore recuperandi.

Denique si res ita distracta sit, *ut si displicuisset*, inempta esset, constat non esse sub conditione distractam, sed resolvi emptionem sub conditione.

De quibus pactis, ex professo, Titulis frequentibus, non autem in nostro Titulo, disserunt Digesta.

Multa adhuc pacta emptioni-venditioni adjici possunt : ita illud pactum quo venditor quædam a venditione excipit.

Cum pactum quo venditor sibi paciscitur, adversus ipsum recipiat interpretationem ; sequitur hoc pactum intra eas res quæ verbis, quibus contrahentes usi sunt, stricte acceptis continentur, concludendum esse. Quin etiam, etsi quædam res verbis contineri videantur, si tamen probabile est de his non esse cogitatum, exceptionis pacto non continebuntur. Maxime autem non intelligentur contineri pacto exceptionis, cæ res quæ cum contraheretur nondum existebant. Effectus demum pacti exceptionis est ut, quæ excepta sunt, vendita non sint ; etiamsi is cujus gratia pactum initum est, eas venditas vellet.

De pacto quo frequenter convenit, quasdam res venditioni adductum iri ; de pacto quo res, eo jure eaque conditione qua est, venditur (quod pactum de oneribus realibus intelligendum est, non de obligationibus personalibus quas venditor contraxerat, dandi aliquid ex fructibus fundi ; denique de pacto quo res vænit ut optima maxima, pauca apud Digesta invenies.

Quibus in omnibus pactis, ambigua verba contra venditorem semper interpretanda sunt.

CAPUT SECUNDUM.

DE ARRHIS.

Arrha definitur a Cujaccio : id quod ante pretium datur, et fidem facit contractus facti, et totius pecuniæ solvendæ.

Emptioni-venditioni sæpe accedunt arrhæ, quæ aut numerata pecunia, aut rebus aliis consistere possunt.

In antiquo jure, quod sæpe arrhæ nomine pro emptione datur, non eo pertinet quasi sine arrha conventio nihil proficiat ; sed ut evidentius probari possit convenisse de pretio. Arrhæ enim ad probandam conventionem, non vero ad peragendam valebant.

Jure autem Justinianeo alium ob finem arrhas dari intellexeris. Licet enim ei qui dedit et ei qui accepit a contractu recedere, ita autem ut si is qui dedit recuset, amittat arrhas : si contra recuset is qui accepit, reddat duplicatas. Quod etiam in nostro Gallico jure institutum fuit.

DROIT FRANÇAIS

CODE CIVIL (1).

DE LA VENTE
ET DE SES PRINCIPALES CONDITIONS DE VALIDITÉ
(Art. 1582 à 1601, 1689 à 1691.)

INTRODUCTION

Définition et origine de la vente. — Notions historiques et généralités sur la vente.

La vente est le contrat le plus fréquent dans l'usage de la vie. Comme l'a dit M. Troplong, sans elle la société manquerait de son instrument le plus énergique de communication commerciale et de mouvement dans la propriété. « Aussi la vente a-t-elle toujours fixé spécialement l'attention des législateurs : de tous les contrats régle-

---

(1) J'emploierai indifféremment, dans le cours de cette thèse, les expressions Code civil, Code Napoléon, pour désigner le Code du droit privé ordinaire, promulgué le 30 ventôse ian XI, qui nous régit aujourd'hui. Je ne sache pas en effet que, dans ces derniers temps, l soit intervenu de décret pour changer le nom de ce Code qui, pendant tant d'années, s'est appelé Code Napoléon.

mentés par le Code Napoléon, c'est celui qui nous présente l'ensemble de règles le plus complet.

La vente dérive de l'échange, seul moyen d'acquisition qu'eurent les hommes avant l'existence des signes monétaires. La vente n'a même été en quelque sorte qu'un échange perfectionné, et pour peu qu'on veuille l'examiner dans son principe, il faut nécessairement se reporter à l'origine des monnaies. Quand il n'y avait pas encore de monnaie, ou lorsque l'argent était rare, le commerce des choses en nature était le seul connu. Nous en trouvons la preuve jusque dans certaines coutumes du moyen-âge. On lit, par exemple, dans les annales de Lorraine, que ceux qui achetaient du sel aux salines de Vic, le payaient en denrées. De nos jours même, c'est encore par la voie de l'échange que se fait le commerce chez plusieurs peuplades d'Afrique et d'Amérique, qui ignorent l'usage de la monnaie. A l'époque de la barberie primitive, il était donc d'usage, pour se procurer ce dont on avait besoin, de donner ce qui était inutile ou moins nécessaire. Mais des obstacles nombreux et puissants retardaient la marche des transactions et des entreprises. N'arrivait-il pas souvent qu'un individu désirant obtenir les marchandises d'un autre, n'avait pas celles que celui-ci voulait acquérir lui-même? D'un autre, côté l'importance relative que chacun des contractants pouvait attribuer à tel objet, suivant qu'il y attachait plus ou moins de prix, rendait les estimations très-difficiles. Pour éviter ces embarras, et afin de suppléer à l'insuffisance notoire de ce genre de commerce, on inventa la monnaie publique, dont la valeur une fois réglée et connue devint le prix de tout. Dès ce moment les obstacles disparurent, la circulation commerciale cessa d'être entravée; ce ne furent plus, à proprement parler, des échanges qui se formèrent de part et d'autre; il y eut des achats d'une part et des ventes de l'autre; la marchandise devint distincte du prix; des obligations réciproques frappèrent le vendeur et l'acheteur: en un mot, le contrat de vente se réalisa, et il fut distingué du contrat d'échange, qui l'avait précédé.

Quand on connait l'origine de la vente, on connait sa nature.

3

L'Article 1582 définit la vente : « une convention par laquelle l'un s'oblige à livrer une chose, et l'autre à la payer. »

Cette définition est empruntée au Droit romain. A Rome, les jurisconsultes définissaient la vente : « un contrat par lequel une personne, appelée *venditor*, s'oblige à faire avoir la paisible possession d'une chose à une autre personne, appelée *emptor*, moyennant un prix dont celle-ci s'oblige à lui transférer la propriété. » L'obligation essentielle du vendeur est de faire avoir la paisible possession de la chose à l'acheteur. Donc la vente ne transfère pas la propriété. Il y a mieux, le vendeur Romain ne s'oblige même pas à rendre l'acheteur propriétaire. Exemple : Paul a vendu à Pierre un immeuble dont il se croyait propriétaire, mais qui dans le fait ne lui appartenait pas. Son acheteur n'aura pas le droit de se plaindre, tant qu'il ne sera pas inquiété par le véritable propriétaire. Car la vente n'obligeait pas Paul à investir Pierre de la propriété, mais seulement à lui transférer tous ses droits, et à le garantir en cas d'éviction.

La doctrine romaine passa tout entière dans l'ancien Droit français, sous les hospices de Dumoulin et de Pothier.

Le Code a reproduit la définition romaine. Toute l'obligation qu'il fait découler de la vente, c'est de livrer la chose, ce qui répond à ces expressions d'Africain : « *ut rem emptori habere liceat.* » Il semble résulter de là que l'acquéreur n'aura jamais le droit d'exiger d'être investi de la propriété, qu'il doit être satisfait lorsqu'il n'est pas troublé dans sa jouissance. Mais est-ce bien là l'idée du législateur ? Il est très-certain que non. Le vendeur français est obligé de rendre l'acheteur propriétaire. Nous en voyons d'abord la preuve dans l'art. 1583 : « La vente est parfaite entre les parties, et la *propriété* est acquise de droit à l'acheteur à l'égard du vendeur, dès qu'on est convenu de la chose et du prix. » Donc la convention contient implicitement l'obligation de transférer à l'acheteur la propriété de la chose qui lui est livrée. L'article 1662, traitant de la faculté de réméré, confirme encore cette décision. Elle est corroborée par l'art. 1604, qui définit la délivrance : « le transport de la chose vendue en la *puissance* et *possession* de l'acheteur. » *Puissance*, c'est-à-dire un droit de propriété. Ailleurs l'art. 1653 autorise l'acquéreur à refuser le prix, lorsqu'il a juste sujet de craindre une action en revendication. Evidemment une pareille décision serait inutile et dérisoire, s'il n'était pas certain que, le vendeur n'ayant pas satisfait à toutes les obligations du contrat de vente, en ne transférant pas une propriété incommutable, l'acquéreur n'est pas forcé d'accomplir les obligations corrélatives qu'il s'est imposées. D'autre part, l'article 1599 permet à l'acheteur de demander la nullité de la vente de la chose d'autrui. Cela veut dire à coup sûr que l'acheteur a le droit de se plaindre, lorsque le vendeur ne lui transmet pas la propriété.

Il est donc bien évident que les rédacteurs du Code civil ont rejeté la doctrine beaucoup trop subtile du Droit romain. Au reste, nous voyons dans le compte-rendu des séances du tribunat, lors de l'élaboration du Code civil, que M. Faure disait : « La transmission de propriété est l'objet de la vente. » — (Fenet, t. XIV, p. 157).

Pourquoi donc le Code qui décide, contrairement au Droit romain, que la vente transfère la propriété, a-t-il néanmoins reproduit la définition romaine ? Pourquoi ? C'est que les rédacteurs du Code ont copié Dumoulin et Pothier, qui avaient eux-mêmes copié le Droit romain. Seulement ils ne se sont pas aperçus d'une chose : c'est que leur définition de la vente, très-exacte et très-complète en droit romain et chez Pothier, était insuffisante, incorrecte, et, qu'il me soit permis de le dire, détestable au beau milieu du Code Napoléon. Ils ne l'ont pas vu ; et en définitive il ne faut pas trop s'en étonner. — Je me hâte de dire toutefois que, malgré ses nombreux défauts, notre Code civil a une supériorité marquée, incontestable sur tous les travaux de codification qui l'ont précédé. Le droit dont il est l'expression me paraît le plus parfait, le plus digne d'un peuple civilisé qui ait jamais été écrit.

La nature des obligations du vendeur Romain et celle des obligations du vendeur Français sont donc complétement différentes. Il en résulte une différence pratique considérable. A Rome, l'acheteur qui n'est pas troublé dans sa possession, n'a absolument rien à réclamer du vendeur, alors même qu'il a la preuve qu'on lui a vendu la chose d'autrui. Car le vendeur ne lui a pas promis de le rendre propriétaire : il lui a promis une possession paisible. Or, personne ne le trouble. Dans la même espèce, au contraire, l'acheteur Français peut, quoique non troublé dans sa possession, demander immédiatement la nullité de la vente. dès qu'il a la preuve qu'on lui a vendu la chose d'autrui. Et en effet il avait promis un prix pour acquérir la propriété de la chose vendue. De son côté, le vendeur s'était engagé à le rendre propriétaire. Le vendeur n'exécutant pas son obligation, l'acheteur n'est pas tenu d'exécuter la sienne. A ce système, je sais que l'on fait une objection tirée de l'art. 1653. Mais cette objection tombe d'elle-même devant l'examen impartial des textes. Aussi je n'insiste pas davantage.

Le système Français est-il préférable au système du Droit romain ? Incontestablement oui. Cela n'a jamais été mis en doute. Le système romain, très-subtil, sinon très-arbitraire et réellement contraire à la nature des choses, a l'inconvénient fort grave de forcer l'acheteur à conserver une position précaire : la possession de la chose peut en effet lui être enlevée à chaque instant. Aussi voyons-nous que, bien avant le Code Napoléon, beaucoup de bons esprits avaient fait effort pour bannir le système romain de la jurisprudence française. (Caillet, professeur à Poitiers : Commenraire sur le Titre du Code *de evict. ad leg.* 5. — Grotius, *De jure pacis et belli*, lib. II, cap. XII, n° 15.)

La vente n'est pas seulement productive d'obligations ; le plus souvent. elle est en même temps translative de propriété, comme nous le verrons plus loin. Aussi je la définirai : « La convention par laquelle l'une des parties, appelée *vendeur*, transfère ou s'oblige à transférer la propriété d'une chose à l'autre partie, appelée *acheteur*, moyennant un prix dont celle-ci s'oblige à lui transférer la propriété. »

C'est un contrat du droit des gens et même, pour ainsi dire, du droit naturel, bien que cependant il ait été précédé chronologiquement par l'échange. C'est un contrat consensuel ; car il se forme par le seul consentement des parties contractantes, sans aucune solennité. Il est synallagmatique : le vendeur et l'acheteur s'obligent réciproquement l'un envers l'autre. A titre onéreux : car il procure à chacune des parties un avantage pécuniaire. Enfin il est commutatif ou aléatoire, selon que l'avantage qu'il procure à l'une ou à l'autre des parties, est déterminé pour chacune d'elles au moment même de la formation du contrat, ou qu'il y a chance de gain ou de perte pour l'un ou l'autre des contractants.

Je diviserai mon travail en quatre parties. Dans la première, j'examinerai les conditions auxquelles la validité de la vente est subordonnée. Dans la seconde, je m'occuperai : 1° des modalités de la vente ; 2° de la vente de choses qui se comptent, se pèsent ou se mesurent ; 3° de la vente de choses qu'on est dans l'usage de goûter avant d'en faire l'achat ; 4° des ventes à l'essai ; 5° de la preuve du contrat de vente ; 6° des frais d'actes honoraires du notaire et droits de mutation. Dans la troisième partie, j'étudierai les effets de la vente, et spécialement la translation de propriété. Enfin, je traiterai rapidement de la cession des créances, qui fera l'objet d'un quatrième chapitre.

CHAPITRE I.

Des conditions auxquelles la validité de la vente est subordonnée.

Trois choses sont nécessaires à la perfection du contrat de vente : un objet, un prix et le consentement des parties sur la chose vendue et sur le prix ; ce que les jurisconsultes romains exprimaient par cette formule : *Res, pretium, consensus*. Il faut de plus que les parties soient capables de vendre et d'acheter.

SECTION I.

DU CONSENTEMENT.

Le premier élément essentiel à la validité de la vente, c'est le consentement, *consensus*.

Il est d'abord de toute évidence que le consentement, en matière de vente comme dans tout autre contrat, doit être libre et exempt d'erreur sur la chose et sur le prix. (Art. 1109 et suivants du Code civil.) Ainsi, si le vendeur croit vendre un cheval, et l'acheteur acheter une maison, le contrat est nul. Il en est de même si l'erreur porte non pas sur la chose même, mais sur la matière, comme si je vous vends un baril de vinaigre pour un baril de vin, du plomb pour de l'argent, etc. (Art. 1110 du Code Napol.)

Que si l'erreur, au lieu de porter sur la *substance* même de la chose, n'atteint qu'une qualité *accidentelle*, la vente sera valable. J'achète de vous du vin que je crois excellent : ce vin est détestable. La vente n'en vaudra pas moins.

Mais à quel signe reconnaîtra-t-on dans l'objet vendu ce qui est qualité substantielle, de ce qui est qualité accidentelle ? La distinction ne sera pas toujours très-facile. On devra rechercher en tout cas quelle a été l'intention des parties en contractant. Si la qualité de la chose vendue, bien qu'accidentelle, a été un motif déterminant du contrat pour l'acheteur, et a fait l'objet d'une stipulation expresse, cette qualité deviendra certainement substantielle ; et si elle vient à manquer, la vente sera nulle comme destituée d'un consentement valable. Exemple donné par Florentinus : Je vous vends un esclave comme un excellent jardinier. Si cet esclave ignore le premier mot de la culture d'un jardin, la vente sera nulle. Car vous n'avez acheté l'esclave que pour en faire un jardinier.

En principe, le consentement doit être libre. Néanmoins cette règle admet d'intéressantes exceptions. On peut pour cause d'utilité publique contraindre une personne à vendre son bien. Je puis être forcé par mon copropriétaire à vendre l'immeuble indivis qui ne peut être commodément partagé, en vertu du principe que nul n'est tenu de rester dans l'indivision. Expropriation forcée ou saisie immobilière. Enfin, bien mieux, je puis être forcé de vendre, même pour une cause d'utilité particulière. Vous avez une propriété entourée de telle sorte, que vous ne pouvez y arriver qu'en passant sur mes champs. Vous pourrez me contraindre à vous céder, *justo pretio*, un droit de passage sur l'endroit qui vous sera le plus commode.

Dans quelle forme le consentement du vendeur et de l'acheteur doit-il être exprimé? En droit romain, le consentement n'avait besoin d'être revêtu d'aucune forme solennelle. Il en est de même dans le Code Napol. : le simple consentement, même verbal, même tacite suffit pour la validité de la vente. (Art. 1582, 2ᵉ alinéa.) C'est là au reste une règle universelle du droit des gens. Je viens de dire que le consentement peut n'être que tacite : c'est ce qui arrive, par exemple, dans le cas où un communiste, vendant la totalité de la chose dont la moitié seulement lui appartient, son copropriétaire se trouve présent à la vente, et ne témoigne aucun dissentiment, il y a là de sa part consentement tacite.

La rédaction du contrat par acte authentique ou sous seing privé, dont parle le 2ᵉ alinéa de l'art. 1582, n'intervient que pour la preuve. L'écriture est une pure faculté laissée aux parties, comme l'expriment très-clairement les mots mêmes du texte : « peut être faite... » Il est bien entendu que si les parties ont subordonné la perfection du contrat de vente à la rédaction d'un acte authentique ou sous seing privé, si elles ont manifesté clairement l'intention que la vente fût suspendue jusqu'à la rédaction de l'écrit, le consentement ne sera censé déclaré qu'autant qu'un acte en contiendra l'expression.

Le consentement peut-il être donné par lettre missive? Paul, dans la loi 1, § 2, au Digeste, *De contrahenda emptione*, nous dit que la vente peut se contracter par correspondance. L'art. 109 du Code de commerce a reproduit cette disposition ; et, puisqu'il est évidemment dans l'esprit du Code civil de considérer comme parfaites les ventes verbales, on doit déclarer qu'à *fortiori* il admet la validité des ventes constatées par les lettres missives des parties. M. Toullier et après lui M. Duranton ont soutenu l'opinion contraire, en s'appuyant sur l'art. 1325 du Code Napoléon, d'après lequel les actes sous seing privé, contenant des conventions synallagmatiques, ne sont valables qu'autant qu'ils ont été faits doubles. Je crois cette opinion complétement erronée. A mon sens, quand l'art. 1325 parle des actes sous seing privé contenant des conventions synallagmatiques, il n'a évidemment en vue que les actes en forme (*instrumenta*), destinés à être signés par les deux parties. Ce qui prouve surabondamment que, dans le langage de la loi, les mots : actes sous seing privé, ne comprennent pas la correspondance, c'est l'art. 109 du Code de commerce : « Les achats et ventes se constatent par actes publics, par actes sous seing privé, par la *correspondance...* »

A quel moment s'opère la conclusion d'une vente dont on a traité par correspondance? Au moment où celui à qui on a écrit répond qu'il accepte la proposition. L'accord de volontés existe : le contrat est formé. Mais pour cela, il faut, dit Pothier, et après lui, M. Merlin, que la volonté de celui qui a proposé la vente persiste jusqu'au moment où son correspondant à reçu la lettre. Pothier et M. Merlin s'arrêtent là. M. Troplong va plus loin, et il décide que le consentement de l'auteur de la lettre doit persévérer non-seulement jusqu'à réception de sa propre lettre, mais encore jusqu'au moment où il reçoit la lettre portant adhésion du correspondant. Cette opinion est combattue par M. Duranton, qui la trouve trop rigoureuse ; mais les raisons de cet estimable professeur ne me paraissent pas satisfaisantes. Ainsi je vous écris de Rennes à Paris, pour vous proposer de m'acheter ma maison située à Rennes, place du Palais, moyennant 100,000 fr. Vous me répondez de Paris, le 1er août 1871, que vous acceptez. Mais le 1er août aussi, avant d'avoir reçu votre lettre, je vous écris que j'ai changé d'avis. On doit décider qu'il n'y a pas eu vente entre nous. Réciproquement, et par la même raison, tant que la lettre que vous m'avez écrite pour accepter mon offre, ne m'est pas parvenue, vous n'êtes pas tenu envers moi : il n'y a entre nous aucun *vinculum juris*. Vous pouvez vous rétracter par une lettre qui m'arrive avant la première, ou même qui m'arrive en même temps. (Argument d'un arrêt de la Cour de cassation du 1er septembre 1843.)

Je ferai remarquer que si la lettre de celui qui se rétracte, après avoir proposé, avait occasionné quelque perte à l'autre partie, il serait tenu de l'en indemniser.

Pour que la correspondance des parties fasse preuve de leur consentement à la vente, il est de toute nécessité que l'on produise en même temps et la lettre de l'auteur de la proposition, et la lettre de l'acceptant : à moins toutefois que l'adhésion de celui à qui l'offre a été faite par une lettre ne puisse être prouvée par un fait d'exécution, qui tiendra lieu de réponse de sa part.

Des promesses de vendre et d'acheter. — J'ai à m'occuper maintenant des promesses de vendre et d'acheter. (Art. 1589.)

Il faut distinguer ici les promesses *synallagmatiques* et les promesses *unilatérales*. On entend par promesse *synallagmatique*, celle par laquelle l'une des parties s'oblige à vendre, et l'autre à acheter, moyennant un prix convenu ; par promesse *unilatérale*, celle par laquelle une partie seule s'oblige envers l'autre à lui vendre une certaine chose, si elle la requiert.

1° *Promesses synallagmatiques.* Dans l'ancien droit, ces promesses valaient-elles vente ? En quel sens valaient-elles vente ? Ce point était assez obscur ; et nous voyons qu'il régnait à cet égard une grande divergence entre les arrêts de Parlements et les auteurs. Sans entrer dans des détails qui nous entraîneraient un peu loin, je constate que, dans l'ancienne jurisprudence, quand on disait qu'une promesse de vente était une véritable vente, on entendait dire par là seulement qu'elle était obligatoire, et qu'à l'instar de la vente, elle devait conduire à la tradition de la chose et au paiement du prix. Je constate encore que, dans un autre sens, on appelait promesses de vendre équivalentes à la vente, les ventes sous-seing privé qu'on s'était obligé à rendre authentiques. Ces locutions n'avaient pas, il est vrai, un grand inconvénient, puisqu'il est très-certain que dans l'ancien droit la vente seule ne transférait pas la propriété, et qu'elle ne donnait lieu qu'à une action personnelle pour obtenir la chose ou le prix, ce qui lui était commun avec la promesse de vente. Cependant ces diverses manières de s'exprimer n'étaient pas parfaitement exactes. Il y avait dans tout ceci une double confusion. Dans le premier sens, il était faux d'appeler vente ce qui n'était qu'une promesse de vente, puisque la chose restait toujours aux risques du vendeur, tandis que s'il y eût eu vente véritable, les risques eussent été pour l'acheteur (Bretonnier, sur *Henrys*, t. II, p. 334. — Pothier, n°s 308 et 479). Sous le second point de vue, il était également faux d'appeler promesse de vente ce qui portait sur une vente parfaite.

Quelle est aujourd'hui la valeur des promesses synallagmatiques de vendre et d'acheter ? Paul promet de vendre sa maison 20,000 fr. à Pierre qui promet de l'acheter 20,000 fr. L'article 1589 nous apprend que ces promesses réciproques de vendre et d'acheter valent vente. Que signifie cette disposition du Code civil ? Le vendeur et l'acheteur sont convenus de la chose et du prix ; et cependant à ne consulter que le texte, cette convention n'est pas une vente, mais *elle vaut vente*. Que veut dire ceci ? Diverses explications ont été proposées.

Premier système. — Dans leur acception grammaticale, les mots *promesse de vendre* et *promesse d'acheter* ont un sens *futur* qui désigne une vente non pas actuellement conclue, mais une vente à conclure. Car en définitive, rigoureusement parlant, promettre de faire une chose n'est pas la faire, *promettre de vendre n'est pas vendre*. Mais dans le langage pratique, il est bien certain que l'on dit indifféremment : je promets vendre ou je vends. Là est la clef de l'énigme de l'art. 1589. Le législateur, s'en référant aux usages de la pratique, dit aux juges : Quand vous trouverez dans un acte de vente les mots : *je promets vendre, je promets acheter*, ne les interprétez pas dans leur sens rigoureux et grammatical, mais dans leur sens pratique. Traduisez-les : *je vends, j'achète*. Que si, il était bien clairement démontré que les parties ont employé avec intention les mots : *je promets vendre, je promets acheter*, alors, mais alors seulement, il faudrait considérer la convention comme une *vente à conclure, id est*, comme une convention simplement productive d'obligations de faire, et qui devra se résoudre en dommages et intérêts contre celle des parties qui refusera de l'exécuter, d'après le principe doctrinal de l'art. 1142.

Second système. — Ce système se base sur une explication historique. — Dans l'ancien droit, un certain nombre d'auteurs décidaient que promettre de vendre ou promettre d'acheter, ce n'était ni vendre ni acheter actuellement, mais promettre un fait, le fait de contracter. D'où ils tiraient cette conclusion bien simple, que la convention engendrait seulement des obligations de faire, résolubles en dommages intérêts, en cas d'inexécution de la part de l'une des parties du fait qu'elle avait promis, c'est-à-dire de conclure le marché. D'autres juris consultes, qui avaient pour eux plusieurs arrêts de Parlements, disaient : Il est bien vrai que chacune des parties n'a promis qu'un fait, le fait de contracter ; mais, si l'une d'elles refuse d'accomplir le fait promis, l'autre partie pourra obliger précisément son adversaire à l'accomplir, en faisant tenir par la justice la vente comme conclue.

Cette opinion était incontestablement meilleure que la précédente. L'objection : « *Nemo præcise potest cogi ad factum,* » consacrée par l'art. 1162 du Code civil, était sans fondement, cette maxime n'étant en effet applicable que lorsqu'il s'agit de faits corporels, que nul autre que le débiteur ne peut accomplir. A l'égard des faits dans lesquels l'intervention du débiteur peut être suppléée par une intervention étrangère, la maxime cesse d'être applicable. Or le fait qui est l'objet d'une promesse de vente, peut se suppléer par un jugement. Le juge rendra donc un jugement qui tiendra comme conclue la vente que l'une des parties refuse injustement de conclure. Le Code civil fait un pas de plus. Plus logique, et en même temps, plus expéditif que les anciens jurisconsultes, défenseurs de cette seconde opinion, il déclare la vente conclue, sans qu'il y ait besoin de jugement.

Ce système a été admirablement exposé et soutenu par M. Valette.

Troisième système. — M. Marcadé a un autre système. Suivant lui, la règle que « la promesse de vente *vaut vente*, lorsqu'il y a consentement réciproque des parties sur la chose et le prix, » doit être entendue en ce sens, que chacune des parties peut, en cas de refus de la part de l'autre, détenir son engagement, c'est-à-dire de vendre ou d'acheter, obtenir non point seulement des dommages et intérêts, mais un jugement qui enjoindra à son adversaire de conclure la vente dans un certain délai, passé lequel la vente sera, *ipso facto*, réputée conclue. Ce système, qui s'appuie aussi sur des considérations historiques, à d'importantes conséquences ; je le crois du reste complètement inexact : il a été réfuté avec vigueur par M. Mourlon, dans son traité de la transcription. (N° 38, p. 84 et suiv.)

Selon moi, il faut s'en tenir au second système, qui me paraît reposer sur des bases difficiles à ébranler, savoir : d'un côté, la raison, la force des choses et la volonté précise des contractants, qui ne sauraient être révoquée en doute, et dont je trouve qu'on ne tient aucun compte dans le système de M. Marcadé ; de l'autre, l'origine de notre article 1589.

En résumé, la promesse de vendre une chose, moyennant un prix déterminé, équivaut à une vente actuelle, et en produit tous les effets, lorsqu'elle a été acceptée avec promesse réciproque d'acheter. Ainsi elle est susceptible des mêmes conditions suspensives et résolutoires que la vente. Il faut même dire qu'il est assez ordinaire qu'elle soit conditionnelle. De même la promesse de vendre peut être à terme. Exemple : Je vous promets de vous vendre ma maison pour 20,000 fr. dans un an ; vous promettez de l'acheter à ces conditions. Ici la propriété sera-t-elle transférée *hic et nunc?* Certainement oui. Dans les ventes à terme, la propriété est transférée du jour même du contrat. Or de même que les promesses réciproques de vendre et d'acheter, non accompagnées d'un terme, valent vente pure et simple, de même, les promesses de vendre et d'acheter, accompagnées d'un terme, doivent valoir vente à terme. La propriété sera donc transférée *hic et nunc*. M. Marcadé a pourtant soutenu le contraire. Il est bien évident par exemple, que si les parties auraient stipulé le terme, non pas seulement pour empêcher l'exécution du contrat, mais pour reculer jusqu'à son échéance la translation de propriété elle-même, leur volonté devrait être respectée (Art. 1134).

Si les parties veulent se désister d'une promesse réciproque de vente, le pourront-elles? Non, quoiqu'en ait pu dire l'illustre M. Troplong. Car la promesse de vente transfère toujours la propriété, comme la vente même.

2° *Promesses unilatérales.* — Exemple : Vous hésitez à acheter une maison qui m'appartient, je vous dis alors : Je vous donne un mois pour vous décider ; quant à moi, je promets dès aujourd'hui de vous vendre ma maison 20,000 francs. Vous me répondez : Je prends acte de votre promesse. Il y a donc promesse de vente sans promesse d'acheter. Je suppose, au contraire, que ce soit moi qui hésite à vous vendre ma maison. Vous me dites : Je vous promets dès à présent de vous acheter 20,000 francs votre maison, si vous êtes décidé à me la vendre dans un mois. Promesse d'acheter sans promesse de vendre. Dans le premier cas, la vente est faite sous une condition purement protestative de la part de l'acheteur ; dans le second, sous une condition purement potestative de la part du vendeur.

Je m'occupe exclusivement du premier cas, qui est de beaucoup le plus fréquent.

Le vendeur est obligé, mais l'acheteur ne l'est pas (Article 1174). La propriété est transférée sous la condition que l'acheteur conclura le marché ; si cette condition vient à se réaliser, l'acheteur recevra la chose franche et quitte de toutes les aliénations ou droits réels, consentis par le vendeur *pendente conditione*. Mais pendant le délai, le promettant a le droit de louer la chose promise ; car elle lui appartient. Que si le bail avait été frauduleusement, pour préjudicier aux droits du futur acquéreur, il devrait être annulé. (Arrêt de la Cour de Paris, du 10 mai 1826.)

Si la valeur de la chose dont il a été traité vient à augmenter, même d'une façon considérable, depuis la promesse de vendre, le vendeur ne sera pas recevable à vouloir vendre pour un prix plus haut que celui qui a été convenu. Réciproquement, il ne serait pas tenu de vendre pour un moindre prix : car les risques sont à sa charge. Si la chose avait été détériorée par quelque cas fortuit, l'acheteur ne pourrait pas réclamer une diminution du prix.

La promesse unilatérale de vendre doit-elle être nécessairement faite avec fixation d'un prix? Cette question était controversée entre Pothier et Voët.

Donc, et en résumé, de même que les promesses réciproques valent vente pure ou à terme, de même la promesse unilatérale vaut vente conditionnelle. (MM. Duranton et Valette.)

Je dois dire, en terminant cette matière intéressante des promesses de vendre et d'acheter, que M. Marcadé a proposé relativement aux promesses unilatérales, un système complétement différent de celui que je viens d'exposer. Son opinion a été encore combattue par M. Mourlon.

DES ARRHES.

Je définirai les arrhes : une somme d'argent que l'une des parties contractantes livre à l'autre au moment du contrat.

Quel caractère avaient les arrhes dans le Droit romain? Il faut ici distinguer l'époque antérieure à Justinien et l'époque de Justinien. Dans l'ancien Droit romain, tel qu'il existait avant Justinien, les arrhes étaient considérées comme une preuve d'un marché conclu, et jamais comme un moyen d'échapper aux actions produites par la vente. Tantôt elles consistaient en argent : et alors elles étaient regardées comme une avance sur le prix à payer. Tantôt elles consistaient en un objet mobilier, le plus souvent par exemple un anneau : et alors on répétait la chose après l'exécution du contrat. Comme le contrat était formé, il ne pouvait se dissoudre sans le consentement réciproque des deux parties ; d'où cette conséquence que l'un des contractants ne pouvait pas, même en abandonnant totalement les arrhes, revenir sur la vente qu'il avait consentie. Ce droit *antejustinien* a été suivi dans les Gaules et dans l'empire d'Occident, jusqu'en 1115.

Dans la législation de Justinien, les arrhes, au moins suivant l'opinion générale, ont pris le caractère d'un *dédit*. On les donne alors pour se réserver la faculté de se départir du contrat : celui qui les a données, en les abandonnant; celui qui les a reçues, en les restituant au double.

Que faut-il décider sous l'empire du Code Napoléon?

(a). — D'après l'art. 1590, les arrhes accompagnant les promesses de vente sont présumées données comme dédit, sauf la preuve contraire. Si celui qui veut rompre le contrat, est aussi celui qui a donné des arrhes, il les perdra ; si, au contraire, c'est celui qui les a reçues, il rendra le double. Toutefois, il est bien clair, comme je viens de le dire, que les parties peuvent régler, par une convention expresse, les conséquences de cette stipulation. Si la chose vient à périr, les arrhes doivent être rendues. Il en serait de même, si les parties étaient toutes deux d'accord pour renoncer à la promesse. Que si la promesse est exécutée, les arrhes s'imputent sur le prix.

(b). — Mais ce n'est pas seulement la promesse de vente qui peut être faite avec arrhes ; c'est encore la vente elle-même. En pareil cas, les arrhes sont présumées être une avance, un à-compte sur le prix. Mais, bien entendu, la preuve contraire est admise contre cette présomption. Je suppose, par exemple, que les arrhes soient données par le vendeur. Il est très-certain qu'alors elles seront considérées comme un dédit. Si la vente est soumise à une condition suspensive, les arrhes ne seront qu'un dédit. Il a pourtant été jugé en sens contraire, par un arrêt de la Cour de Colmar, de l'année 1813. Que si la vente est faite sous une condition résolutoire potestative, les arrhes ne représentent que des dommages et intérêts.

En principe, dans le doute, on doit supposer plutôt qu'il y a eu promesse de vente que vente consommée.

SECTION II.

DE L'OBJET.

Il n'y a pas de vente sans une chose qui en fasse l'objet. Cette section se divise tout naturellement en deux parties : 1° Quelles sont les choses qui peuvent être vendues ; 2° quelles sont les choses qui ne peuvent être vendues?

1°. *Quelles choses peuvent être vendues?*

Le principe qui domine cette matière, est écrit dans l'art. 1598 : « Tout ce qui est dans le commerce peut être vendu, lorsque des lois particulières n'en ont pas prohibé l'aliénation. » Donc, pour qu'une chose soit inaliénable, il faut qu'elle ait été retranchée du commerce par une loi naturelle ou civile.

La vente peut avoir pour objet, soit un droit de propriété, soit un droit d'usufruit, d'usage ou de servitude. Je peux vendre soit un corps certain, c'est-à-dire une chose déterminée individuellement, par exemple ma maison sise à Paris, rue Saint-Honoré, numéro 130, par exemple ma jument blanche ; soit une chose déterminée seulement quant à l'espèce, par exemple un cheval, tant d'hectares de terre à prendre dans tel pays.

On peut vendre non-seulement les choses qu'on possède actuellement, mais encore celles qu'on peut avoir par la suite. Je peux vous vendre, par exemple, les fruits que me donneront cette année les arbres de mon jardin, la récolte de mes vignobles. J'ajoute la vente des produits qui seront fabriqués dans une manufacture. Il est bien évident qu'une telle vente est toujours conditionnelle. Elle ne se réalise qu'autant que les fruits viennent à naître, et alors, elle produit un effet rétroactif au jour du contrat, comme l'enseigne le jurisconsulte Pomponius. Mais si l'année est entièrement stérile, il n'y a pas de vente : la vente n'a jamais existé.

On peut même vendre et acheter une chance incertaine, une espérance, comme un coup de filet, comme le droit de percevoir les fruits de tel immeuble. Il ne faut pas confondre cette vente avec celle des fruits *qui naîtront* de tel immeuble. Si c'est la chance de la récolte qui a été vendue, la vente est complétement aléatoire. L'acheteur doit son prix, même en l'absence de toute récolte. Mais si l'acquéreur a voulu acheter conditionnellement une *chose future, la récolte*, la vente est en quelque sorte à la fois commutative et aléatoire. Elle est aléatoire : car l'acheteur doit son prix tout entier, du moment qu'il y a récolté ; que la récolte soit très-abondante ou très-mauvaise. Il le doit n'y eût-il que très-peu de fruits. La vente est commutative : car si le vignoble n'a rien produit ou n'a produit que un ou deux fruits, l'acquéreur ne doit pas le prix.

Une question très-délicate sera précisément celle de savoir si c'est la chance de la récolte, ou la récolte même qui a été vendue. Dans le doute, dit M. Troplong, on doit se conformer à une règle générale d'interprétation, en donnant gain de cause au sens le plus favorable à l'acheteur. Au reste, le juge, comme toujours, doit s'éclairer des circonstances dans lesquelles s'est produit le contrat.

2° *Quelles choses ne peuvent être vendues ?*

1° On ne peut pas vendre une *succession future*. (Art. 1600 du Code Napoléon.)

Cette prohibition remonte au Droit romain (Loi 1, Dig., *de hæredit vel act. vendita ;* loi 7, Dig., d. tit.). Les jurisconsultes Pomponius et Paul nous en donnent comme motif, que l'on ne peut vendre ce qui n'existe pas. Cette raison est insuffisante, puisqu'on peut vendre une chose future, comme nous venons de le voir. Le véritable motif de cette règle de droit, c'est qu'il est non-seulement immoral et indécent, mais encore dangereux, que l'on puisse spéculer sur la mort d'un homme dont ont attend la dépouille.

A Rome, les pactes sur les successions étaient très-valables, quand le *de cujus* futur y consentait. En est-il de même aujourd'hui ? Certainement non. L'article 1600 déclare que la vente est nulle, quoique autorisée par le futur *de cujus*, par application de l'article 1131 : « Les conventions des particuliers ne peuvent déroger à ce qui est d'ordre public. »

La prohibition de l'article 1600 s'étend à la vente d'une universalité, ou du moins d'une partie aliquote de la succession, et même à la vente d'un droit particulier éventuel dépendant d'une succession.

L'action en nullité de la vente de biens héréditaires, faite avant l'ouverture de la succession, se prescrit-elle par le délai de dix ans, déterminé par l'article 1304 du Code civil ? La question a été controversée. La cour de Bordeaux s'est prononcée pour la négative, par un arrêt du 20 août 1828, en argumentant de cette raison qu'il s'agit d'une nullité absolue, engendrée par une cause illicite. Bien que M. Toullier prétende que l'on doit s'en tenir à la disposition de l'art. 1304, qui est générale, dit-il, et qui embrasse tous les cas, je crois qu'il faut préférer la décision de la cour de Bordeaux, défendue au surplus avec vigueur par M. Duranton. Lorsque l'on se trouve en présence d'un acte annulable, à raison d'un vice de nature à purger, je comprends parfaitement l'application de l'article 1304. Mais quand une convention est contraire aux bonnes mœurs, à l'ordre public, je ne conçois pas que le laps de dix ans la rende inattaquable. Elle ne pourrait être ratifiée par un acte exprès. Comment le silence des parties produirait-il plus d'effet ?

Un point important à constater, c'est qu'il ne faut pas confondre la vente de droits successifs non ouverts avec la vente d'une créance soumise à la condition du prédécès du débiteur. Car le créancier qui, lors de l'événement de la condition, fera valoir ses droits sur la succession, n'agira pas en qualité d'héritier, mais bien en qualité de créancier. J'en dirai autant du droit de *retour*, tel que celui qu'autorise l'art. 951 du Code Napoléon.

2° On ne peut vendre la *chose d'autrui* (art. 1599).

Cette disposition demande à être très-nettement exposée.

Le droit romain déclarait valable la vente de la chose d'autrui. De très-bons esprits, notamment M. Troplong, ont soutenu qu'une pareille vente était valable, parce que l'objet précis du contrat de vente n'était pas de rendre l'acheteur propriétaire, mais seulement de le mettre en possession et de le défendre de tous troubles et évictions.

Je crois cette raison très-insuffisante, précisément parce qu'on pouvait fort bien s'obliger à transférer à quelqu'un la propriété d'une chose appartenant à autrui. C'est ce qui arrivait, par exemple, lorsqu'un testateur avait légué *per damnationem* la chose d'autrui, ou lorsqu'on promettait par stipulation d'en transférer la propriété au stipulant.

Je demeure convaincu qu'à Rome la vente de la chose d'autrui était permise, parce qu'on la considérait non pas comme un acte d'aliénation, mais comme un contrat simplement productif d'obligations. Vendre, ce n'était pas aliéner la chose vendue, mais simplement prendre l'engagement d'en procurer la possession paisible à l'acheteur. Peu importait, dès lors, que la chose appartînt au vendeur ou à un tiers. Si le vendeur, ayant vendu la chose d'autrui, faisait tradition sans avoir pris des arrangements avec le véritable propriétaire, l'obligation consentie par lui se résolvait en dommages-intérêts, comme celle de tout débiteur qui manque de procurer ce qu'il a promis.

Il résulte de là que la vente de la chose d'autrui est nulle en droit français, parce que le Code Napoléon a toujours considéré la vente comme un mode d'aliénation. M. Grenier l'a dit au tribunal : « Le but unique de la vente doit être la *transmission d'une propriété.* » Or, la vente d'une chose qui n'appartient pas au vendeur, ne peut être le germe d'une transmission de propriété. La vente ayant donc pour effet immédiat de déplacer, de transporter la propriété, il est de toute nécessité que le vendeur soit lui-même propriétaire de la chose vendue, pour en transmettre la propriété.

Il est très-important de remarquer que la loi ne règle que le cas où le vendeur a vendu la chose d'autrui, en la présentant *comme sienne*. Par conséquent, si je vous dis : « Je m'engage à vous procurer pour telle somme la propriété de Titius, » ou, ce qui revient absolument au même : « Je vous vends 10,000 fr. la maison de Titius, » la convention sera très-valable. Elle vaudra non pas, à la vérité, comme *vente*, mais comme contrat *innommé*, produisant une obligation de faire qui, en cas d'inexécution, se résoudra en dommages et intérêts. De même, il est très-certain que la convention que les jurisconsultes romains appelaient *vente*, serait valable chez nous, non pas comme *vente*, mais comme contrat *sui generis*.

En résumé, ce que la loi frappe de nullité, c'est ce contrat par lequel je vous promets de vous rendre actuellement propriétaire d'une chose appartenant à mon voisin. Il y a donc vente de la chose d'autrui, toutes les fois qu'on aliène une chose dont on n'a pas la propriété. Ainsi celui qui vend la nue-propriété d'une chose dont il n'a que l'usufruit, vend la chose d'autrui. Celui qui, étant propriétaire d'une chose par indivis, vend non-seulement sa portion, mais encore celle de son communiste, aliène, en ce qui concerne cette seconde part, la chose d'autrui, etc.

Quels effets produit la vente de la chose d'autrui ? En droit romain, nous savons que l'acheteur avait une action pour exiger la tradition de la chose vendue; en cas d'éviction, une action en garantie pour exiger des dommages et intérêts. Il usucapait et faisait les fruits *siens*, quand il avait ignoré que la chose n'appartenait pas au vendeur. En est-il de même sous l'empire du Code Napoléon? Il faut répondre *que oui*. L'acquéreur qui a été de bonne foi, c'est-à-dire qui a ignoré que le vendeur n'était pas propriétaire, a aussi à la fois une action pour se faire mettre en possession, et une action en garantie pour obtenir des dommages et intérêts, en cas d'éviction (art. 1599). Il y a mieux. La vente lui sert encore de juste titre, soit pour faire les fruits siens par la perception, soit pour prescrire par dix à vingt ans. Ainsi, la vente de la chose d'autrui, déclarée nulle par le Code Napoléon, produit les mêmes effets qu'à Rome, où les jurisconsultes la consi-

déraient comme valable. On est donc conduit à se demander quelle
est l'utilité de l'art. 1599 ? Cette utilité, la voici. En droit romain, celui qui avait vendu de bonne foi la chose d'autrui, croyant sérieuse-
ment qu'elle lui appartenait, ne pouvait être actionné par l'acheteur,
tant que celui-ci n'était pas troublé dans sa possession. Chez nous,
au contraire, l'acheteur qui a réellement la preuve qu'on lui a vendu
la chose d'autrui, peut, quoique non troublé, demander la résolution
du contrat, même contre le vendeur de bonne foi.

Il n'est pas inutile de constater si le vendeur a été de bonne foi ou
de mauvaise foi. Au premier cas, il n'est tenu que des dommages et
intérêts, qui ont pu être raisonnablement prévus au moment du contrat. Au second cas, il répond non-seulement des dommages prévus,
mais même des dommages imprévus, qui sont une suite immédiate et
directe de l'inexécution du contrat : ainsi il répond des dépenses vo-
luptuaires.

Je viens d'exposer les principes généraux de la matière. J'ai à examiner maintenant plusieurs questions de détail dont quelques-unes
paraissent pouvoir être controversées.

D'abord je ferai remarquer, dès à présent, que le principe de la
nullité de la vente de la chose d'autrui n'est pas applicable aux matières de commerce.

Je constate ensuite qu'il est, en droit civil, des espèces qui ne doivent
pas subir l'application de l'art. 1599, soit parce que les principes qui ont
motivé cet article ne s'y trouvent pas en jeu, soit parce que ces espèces
ne présentent que l'apparence d'une vente de la chose d'autrui. Et
d'abord, l'art. 1599 n'est pas applicable toutes les fois que l'objet de
la vente n'est pas individuellement déterminé, alors même qu'au moment du contrat le vendeur ne serait propriétaire d'aucun objet de
même nature. L'art. 1585, qui régit les ventes d'objets au poids, au
compte ou à la mesure, ne fait aucune allusion à la règle de l'art. 1599.
Il est vrai que l'on peut répondre que ce dernier article pose une
règle générale qui doit être appliquée tant qu'il n'y est pas dérogé
par la loi ; mais les motifs qui ont fait édicter cet article ne se rencon-

trent plus ici, dans notre opinion du moins. — Si l'art. 1599, étant motivé sur ce que la vente de la chose d'autrui ne peut rendre l'acheteur propriétaire, ne s'applique pas aux ventes dans lesquelles la propriété ne doit pas être immédiatement tranférée (1), nous devons, comme conséquence de ce principe, reconnaître la validité de la vente dans laquelle le vendeur déclare qu'il n'a pas la propriété de la chose vendue, mais se porte fort pour le propriétaire et promet sa ratification.

Si la vente faite par un tiers qui se porte fort pour le propriétaire ne peut recevoir l'application de l'article 1599, à plus forte raison en est-il de même de la vente faite par un mandataire du propriétaire lui-même, puisqu'alors c'est celui-ci qui est réputé le vendeur. Cependant, si le mandataire a excédé ses pouvoirs, par exemple, en vendant pour un prix inférieur à celui qui avait été déterminé par le mandat, on peut se demander si l'acquéreur n'aurait pas eu le droit d'invoquer l'article 1599, puisque, à défaut de ratification expresse ou tacite, le mandant n'est pas engagé par cet acte dans lequel le mandataire a cessé de le représenter.

Malgré cette considération, je ne pense pas que l'acheteur puisse invoquer l'article 1599, à moins que le mandataire ne se soit présenté à lui comme étant le propriétaire et non pas comme investi du mandat de celui-ci. J'admettrai ces solutions sans distinction, quel que soit le titre dans lequel le mandataire a puisé le droit d'agir, soit que le mandat dérive d'une convention, soit qu'il ait sa source dans la loi. Je les crois également applicables à la vente du fonds dotal faite par le mari seul, avec cette différence, toutefois, que la ratification de la femme, pendant le mariage, n'empêcherait pas l'acheteur d'agir lorsqu'il en a le droit, c'est-à-dire lorsque le mari a vendu l'immeuble dotal en se présentant comme investi de la propriété. Je dois dire qu'un système très-accrédité refuse toujours, au contraire, l'action en

___

(1) Par application de ce même principe, j'admettrais que la promesse de la vente de la chose d'autrui est valable, sauf au promettant à indemniser l'acheteur, si l'absence de la qualité de propriétaire le met dans l'impossibilité d'exécuter son obligation.

nullité à l'acheteur de l'immeuble dotal. Je n'ai jamais pu comprendre un pareil système. Enfin, il est quelquefois impossible de savoir, au moment de la formation de la vente, si ce contrat a pour objet la chose d'autrui, parce qu'il peut dépendre de la réalisation d'un événement postérieur que le vendeur ait été ou non propriétaire au moment du contrat. C'est ce qui arrive toutes les fois que le vendeur est propriétaire sous condition suspensive ou sous condition résolutoire. Mais la situation des parties ne me semble pas alors soulever de question difficile. En résumé, l'article 1599 ne pourra donc s'appliquer que lorsque le vendeur se sera faussement présenté comme propriétaire d'un objet déterminé, dont il est certain, au moment où la question est soulevée, qu'il n'avait pas la propriété lors de la vente.

J'étudie à présent quelques questions de détail relativement aux effets de la vente de la chose d'autrui. Je suppose le vendeur de bonne foi ; mais l'acheteur, lui, a été de mauvaise foi ; c'est-à-dire qu'il a su, au moment de la vente, que la chose appartenait à autrui. Plus tard le vendeur vient à découvrir son erreur. Peut-il refuser la délivrance de la chose, si cettte délivrance n'a pas encore eu lieu? Ou mieux : si la chose a été délivrée, peut-il, en offrant la restitution du prix, exiger que le vendeur lui remette la chose? A cette question, je répondrai, avec tous les auteurs, affirmativement. Il serait, en effet, inique et contraire à toute espèce de principes que l'acheteur pût conserver une chose qu'il n'aurait pas sans sa mauvaise foi. Autre hypothèse : je suppose le vendeur et l'acheteur tous les deux de bonne foi ; le vendeur peut-il encore être contraint à livrer? L'affirmative a été soutenue. Je ne crois pas cette chose exacte. D'après nous, les choses doivent rester dans le *statu quo*. Si le vendeur n'a pas encore livré, il ne peut pas être contraint de le faire, sauf à payer des dommages et intérêts ; mais, s'il a déjà livré, il ne peut pas répéter la chose, car l'acheteur a sur lui l'avantage de la possession actuelle : *In pari causâ melior est causa possidentis*. Enfin, si les parties sont toutes les deux de mauvaise foi, il est universellement admis que les choses restent dans le *statu quo*.

Si avant que la nullité de la vente soit demandée, la propriété vient
à se consolider sur la tête du vendeur, soit parce qu'il a acheté la
chose, soit parce qu'il en a hérité du véritable propriétaire, la vente
se trouve-t-elle validée ? Un point incontestable, c'est que le vendeur
ne peut, argumentant du vice originaire de la vente, revendiquer
contre l'acheteur. Il ne saurait être admis à ébranler son propre fait :
« *Quem de evictione tenet actio, eumdem agentem repellit exceptio.* »
Mais l'acheteur, lui, peut-il se plaindre, même après que la cause du
trouble a disparu ? La jurisprudence admet généralement qu'il le peut.
La vente, dit-on, était nulle *ab initio* : cette nullité rigoureuse ne
peut être couverte par des événements postérieurs. Je ne crois pas
cette opinion exacte. Je suis convaincu que l'acheteur ne peut plus
demander la nullité du contrat, par cela même que ses réclamations
seraient, en définitive, sans objet, tout danger d'éviction ayant disparu. Il est encore bien évident que la vente se trouve validée, si le
véritable propriétaire vient à hériter *ex post facto* du vendeur.

On peut ratifier la vente de la chose d'autrui. (Arrêt de la Cour de
Riom, du 12 janvier 1827.) Mais cette ratification ne produit pas
d'effet rétroactif. La vente ne vaut à l'égard des tiers, que du jour où
le consentement du véritable propriétaire est venu s'ajouter au contrat qui en était dépourvu.

Au profit de qui s'ouvre l'action en nullité de la vente de la chose
d'autrui ? Je constaterai ici que la règle de l'art. 1599 a été établie
uniquement au profit de l'acheteur. Relativement au véritable propriétaire de la chose vendue, on ne peut pas prétendre que l'action
dont il s'agit est ouverte en sa faveur. Car il n'a nullement besoin de
cette action, le contrat étant pour lui *res inter alios acta*. Mais le vendeur pourra-t-il se prévaloir de notre article ? Il est impossible de
l'admettre, tant en présence des principes généraux du Code en matière de vente, qu'en présence de toute considération d'équité naturelle. La Cour de cassation, dans un arrêt du 23 janvier 1832, a paru
cependant discuter très-sérieusement la question.

L'action en nullité, fondée sur l'art. 1599, se prescrit par dix ans, à compter du jour où l'acheteur a découvert qu'on lui a vendu la chose d'autrui. Cette action ne doit pas être confondue avec l'action en garantie, qui ne se prescrit que par trente ans, à compter du jour de l'éviction.

La vente d'un meuble ou d'un immeuble appartenant à autrui, est évidemment nulle, quand la chose vendue est une chose volée ou perdue.

J'ai toujours raisonné dans le cours de ces explications, en me plaçant dans l'hypothése de la vente de l'immeuble d'autrui. Mais *quid* des *meubles*? La vente d'un meuble appartenant à autrui, et qui n'a été ni volé, ni perdu, sera-t-elle valable? La raison de douter vient de ce que la règle : *En fait de meubles, la possession vaut titre*, protège l'acheteur contre toute éviction, en le rendant propriétaire dès qu'il mis en possession. Mais cette raison n'est pas concluante. Il est, en effet, impossible que le vendeur puisse contraindre l'acheteur à invoquer une prescription, qui répugne à sa conscience.

3° — On ne peut vendre à une personne sa propre chose.

Il est bien évident, par exemple, que je pourrai acheter ma propre chose pour le cas où elle cesserait de m'appartenir. De même, on peut acheter un droit reposant sur sa chose, mais dont on est privé, par exemple, un droit de possession, dont un autre est investi.

4° — On ne peut vendre les biens dotaux que dans les cas prévus par les art. 1555, 1557 et 1558 du Code Napoléon.

5° — La vente de biens grevés de substitution est nulle à l'égard de l'héritier fidéi-commissaire, qui, à l'époque de l'ouverture de la substitution, peut revendiquer comme siennes les choses aliénées par le grevé : entre le vendeur et l'acheteur, la vente n'est que résoluble.

6° — Certains règlements de police ont défendu la vente des poisons sans les garanties exigées. (Loi du 21 germinal, an XI.)

7° — Il est défendu de vendre des armes cachées et prohibées, telles que cannes à épée, poignards, etc.

8° — On ne peut pas vendre publiquement et comme tels des comestibles reconnus gâtés et nuisibles à la santé, des vins falsifiés et mixtionnés.

9° — Les livres condamnés et supprimés par décision des tribunaux passées en force de chose jugée.

10° — Les choses dont l'Etat s'est réservé le monopole, tels que le tabac, les armes de guerre, la poudre à tirer.

11° — Il est des choses dont le débit est soumis à certaines mesures de précaution : en général, les boissons et le sel.

12° — D'autres objets, produits par une fabrication étrangère ou par un sol étranger, sont prohibés à l'entrée du territoire français.

13° — Il est défendu de vendre les blés en vert et pendants par racines.

Cette prohibition date de la loi du 6 messidor, an III, qui l'avait formulée dans le but d'empêcher l'accaparement des grains. Elle était inconnue dans le Droit romain.

14° On ne peut vendre les droits personnels. Ils sont intransmissibles. Exemples : l'usage et l'habitation, le droit de rachat successoral, les aliments dus d'après le droit naturel.

Le titre en vertu duquel ces pensions alimentaires sont dues, est créé par la nature : c'est une qualité qui est toute personnelle et intransmissible. Mais ne peut-on pas céder et vendre le *profit de ces aliments*? Cette question est enveloppée d'obscurités. Je croirais assez, avec Olea, que le créancier d'aliments dus *ex jure sanguinis* peut vendre les prestations en nature qu'il reçoit. Mais il ne peut pas vendre sa créance *in abstracto*.

Quid des aliments dus en vertu d'une convention ou d'un testament? Presque tous les auteurs sont d'accord pour reconnaître que ces aliments sont cessibles, et quant au titre, et quant à l'émolument. M. Duranton seul est d'opinion contraire en ce qui concerne les dons et legs d'aliments (t. XVI, n° 165).

Il se fonde sur les articles 581 et 1004 du Code de procédure civile. Je crois ces textes complètement inapplicables en notre matière. (Arrêt de la Cour de cassation du 31 mai 1826.)

Les pensions alimentaires et autres accordées par le gouvernement sont inaliénables. Il faut en dire autant des soldes de retraite, des traitements de réforme, des pensions des veuves et des enfants des militaires.

15° Les choses qui, sans être hors du commerce par leur nature même, le sont par leur destination.

Exemple : une place publique, une église, une rue, etc.

16° Les choses qui, par leur nature même, sont retranchées du commerce.

Ainsi les *offices* et les *fonctions publiques*. — Loi des 4 août 1789 et 6 octobre 1791. Quelques exceptions ont été introduites par une loi du 28 avril 1816. Elles sont relatives aux offices de greffiers, avoués, huissiers, notaires, etc. Au surplus, ces marchés sont conditionnels ; ils sont subordonnés à l'agrément du chef de l'État, qui a le droit de refuser le candidat présenté par l'officier ministériel démissionnaire.

En dehors des cas nettement précisés par la loi de 1816, les offices publics sont inaliénables. Mais est-il permis à un fonctionnaire de vendre sa démission, et à un prétendant à une place de provoquer une vacance, en achetant la résignation du titulaire?

La question est vivement controversée entre les auteurs ; et la jurisprudence est encore incertaine à cet égard. Ainsi la Cour de Bourges, notamment, par arrêt du 5 juillet 1825, et la Cour de cassation, par arrêt du 2 mai de la même année, ont décidé l'affirmative. Au contraire, différents autres arrêts de Cours d'Appel, et, en particulier, un remarquable arrêt de la Cour de Paris, à la date du 8 novembre 1825, ont considéré de pareils traités comme nuls, illicites et contraires aux bonnes mœurs et à l'ordre public. Je crois cette seconde opinion préférable. Le droit canonique, les ordonnances rendues par les anciens rois de France, et entre autres, l'ordonnance de Charles VI du 7 janvier 1407, une ordonnance de Charles VII de l'an 1450, une ordonnance de Charles VIII de 1493 (art. 68), un édit de Henri III de 1579 (art. 100), défendaient expressément aux officiers ministériels de tirer aucun parti de la résignation de leurs offices. Mais en dehors de ces considérations historiques, il me semble évident que la défense de trafiquer des résignations et démissions se soutient par des raisons puissantes de défesne et d'ordre public. Pour ne parler que d'une seule de ces raisons, les sacrifices pécuniaires, peut-être très-considérables, que l'on ferait pour obtenir un office, ne porteraient-ils pas souvent aux exactions, aux malversations? Je suis donc convaincu qu'en dehors des cas prévus par la loi du 28 avril 1816, la prohibition de la vénalité des charges demeure entière et n'admet aucun tempérament.

Explication de l'article 1601 du Code Napoléon.

J'ai posé en principe, en commençant le développement de cette section de mon premier chapitre, qu'il ne peut y avoir de vente sans une chose qui en fasse l'objet. Il résulte de là nécessairement que la chose qui forme l'objet de la vente doit au moins être de nature à pouvoir exister un jour. Donc, si la chose, que les parties ont eu l'intention de vendre et d'acheter, est périe, à leur insu, au moment de la conclusion du contrat, la vente est entièrement nulle. Le contrat manque de base : l'engagement est sans sujet, comme sans cause. Paul me vend une maison, et j'ignore comme lui que la maison a brûlé entièrement la veille du contrat. Je pourrai me faire rendre par Paul le prix que j'ai payé : c'est l'action connue sous le nom de *condictio indebiti* qui ne s'éteindra que par le temps ordinaire de la prescription, c'est-à-dire trente ans.

Mais je suppose que la maison n'ait périe qu'en partie. Ici, la vente a pu se former. L'article 1601 laisse à l'acheteur le choix, ou d'abandonner le contrat, ou de demander la partie conservée, en en faisant déterminer le prix par *ventilation, id est,* en faisant réduire le prix dans la proportion de cette partie à la chose entière. Que faut-il penser de cette décision? Elle est très-juste et conforme à l'équité naturelle, quand il résulte des circonstances que l'acheteur n'eût pas acheté s'il eut connu la perte. Mais j'admets que la perte soit des plus minimes, et telle qu'elle n'eût pas empêché la vente, quand même l'acheteur en aurait eu connaissance. L'art. 1601 sera-t-il encore applicable? L'acheteur de bonne foi pourra-t-il se départir du contrat? S'il faut s'en tenir littéralement aux termes de la loi, il est certain qu'il le pourra. Car l'art. 1601 ne fait aucune distinction. Néanmoins tous les auteurs admettent un tempérament équitable, puisé dans l'article 1636 du Code civil. Ce sera donc au juge à s'éclairer des circonstances qui ont entouré la formation du contrat.

Notre Code civil est-il en cette matière conforme au Droit romain? Il est très-certain que non. Si une partie seulement de la maison vendue avait été brûlée, les jurisconsultes Romains distinguaient. Lorsque la partie détruite se trouvait être précisément la plus considérable de l'édifice, l'acheteur n'était jamais obligé à tenir son marché. Etait-ce, au contraire, la moitié ou une moindre partie qui avait péri, l'acheteur était dans la nécessité légale d'accomplir la vente, sauf, bien entendu, à lui tenir compte des dommages subis par le bâtiment. Cette règle de la législation romaine, en cas de détérioration partielle, était-elle équitable? Certainement non. Aussi le Code Napoléon a-t-il abandonné cette solution très-mauvaise par cela même qu'elle était trop absolue. La solution de notre droit Français estincontestablement meilleure que celle du droit Romain.

J'ai supposé, dans ce qui précède, le vendeur et l'acheteur tous deux de bonne foi, au moment de la formation du contrat. Qu'arrivera-t-il maintenant si l'une des parties connaissait la perte? Si le vendeur connaissait la détérioration, non-seulement la vente pourra être annulée, mais encore l'acheteur pourra obtenir des dommages-intérêts. L'acquéreur qui était informé de la perte de la chose, tandis que le vendeur l'ignorait, n'aura droit ni à la nullité du contrat, ni à une diminution, même des plus minimes du prix. Ces solutions sont conformes et aux textes et à l'équité.

Que si les parties étaient toutes deux de mauvaise foi, *dolus cum dolo compensatur*.

Il n'y aurait lieu ni à des dommages et intérêts, ni même à la répétition du prix.

L'article 1601 est-il applicable aux matières de commerce ? Le Code de commerce n'a apporté aucune dérogation au principe de l'art. 1601. On doit donc, je crois, admettre l'affirmation soutenue au reste énergiquement au Conseil d'Etat, par M. Portalis, lors de la discussion des travaux préparatoires du Code. Arrêt de la Cour de cassation du 5 frimaire, an XIV.

SECTION III.

DU PRIX.

Je définirai le prix : la contre-valeur que l'acheteur donne au vendeur.

Il n'y a pas de vente sans prix : *Sine pretio nulla venditio est.*

Quatre conditions sont requises dans le prix : 1° Il doit consister en argent monnayé ; 2° il doit être déterminé certain ; 3° Il doit être sérieux ; 4° non fictif, c'est-à-dire convenu avec l'intention de l'exiger.

1° Le prix doit consister en argent monnayé.

Autrement ce serait un échange et non une vente. Il est bien évident, par exemple, que si par suite l'acheteur, ne pouvant payer en argent, donnait en paiement une autre chose (*datio in solutum*), le contrat de vente subsisterait toujours.

Il y aurait encore vente si, outre la somme d'argent convenue pour prix, l'acheteur s'obligeait à donner quelque objet en nature comme supplément de prix.

J'ai dit que le prix devait consister en argent. Il faut admettre cependant que la vente peut se faire souvent moyennant certaines prestations équivalentes, comme de nourrir, loger et entretenir le vendeur. Je ferai remarquer aussi que le prix, au lieu d'être une somme ronde en capital, peut consister en une rente viagère. M. Merlin a pourtant soutenu l'opinion contraire. Mais cette opinion est complétement erronée et ne s'appuie que sur des subtilités.

2° Le prix doit être certain. (Art. 1591 et 1592).

Ainsi, il n'y aurait pas vente si l'une des parties restait maîtresse de déterminer arbitrairement plus tard ce qu'elle devra payer ou recevoir. La vente serait nulle, faute de lien (Art. 1591).

Mais la vente serait parfaitement valable, si le contrat, sans déterminer le prix, renfermait des bases d'après lesquelles le prix pourrait être déterminé indépendamment de la volonté des parties. Exemple : Je vous achète cette maison pour la somme d'argent que j'ai dans cette cassette. Le prix est ignoré de l'une des parties, mais il est certain. Je vous vends le vin de ma récolte au prix qu'il a été vendu à tel marché, ou encore au prix que mes voisins vendront le leur : contrat valable. Mais le contrat serait nul, s'il était fait pour le prix que m'offrira une tierce personne quelconque.

D'après l'art. 1592, la vente est encore valable, si elle est faite pour un prix laissé à l'arbitrage d'un tiers désigné par les parties. La validité de la vente est ici subordonnée à la condition suspensive que la personne désignée fixera le prix. Donc si ce tiers ne fait pas l'estimation, par exemple, s'il vient à mourir avant d'avoir déterminé le prix, la vente sera nulle, faute de prix : la condition sous laquelle elle a été conclue est en effet défaillie. Dans l'ancien droit romain, la question qui nous occupe avait été vivement controversée. Les Sabiniens soutenaient que le prix ne pouvait être laissé à l'arbitrage d'un tiers.

Les Proculiens étaient d'avis contraire.

Justinien trancha la controverse en adoptant l'opinion Proculienne. Le Code Napoléon, on le voit, a reproduit la décision de Justinien ; et il a eu raison.

En résumé, le prix doit donc être déterminé par les parties ou au moins déterminable en vertu d'une clause d'un contrat de vente, indiquant un moyen de détermination manifestement indépendant de la volonté des parties.

J'ai à examiner maintenant, quant à ce second caractère du prix, certaines questions qui peuvent être controversées.

Et d'abord, lorsque l'arbitre désigné pour fixer le prix refuse sa mission. peut-on le faire remplacer par un arbitre nommé d'office par la justice? Selon moi, la négative doit toujours être admise à moins toutefois qu'il ne résulte bien clairement des termes et circonstances de la convention, que les parties ont entendu se soumettre à un arbitre nommé d'office par le tribunal, pour le cas où le premier arbitre désigné par elle refuse de déterminer le prix.

La Cour royale de Paris a cependant décidé le contraire par arrêt du 18 novembre 1831. Je crois cette décision en contradiction flagrante avec la règle de l'art. 1592.

Autre question. Je suppose qu'il ait été convenu entre les parties que l'arbitre sera désigné ultérieurement par elles ? La vente vaudra-t-elle ? A cet égard, les auteurs sont très-divisés. D'après un premier système, la vente n'est pas valable. En effet, dit-on, l'arbitre n'étant pas désigné lors du contrat même, il dépendrait de l'une des parties d'empêcher la fixation du prix et d'annuler ainsi la vente. La convention intervenue ne sera pas, sans doute, complétement nulle. Mais elle ne vaudra pas comme vente : elle vaudra comme contrat innommé engendrant de part et d'autre des obligations de faire, lesquelles, en cas d'inexécution, devront se résoudre en dommages et intérêts. Cette opinion était celle de Pinellus. Elle a été soutenue par MM. Delvincourt, Bugnet et Troplong. Suivant un autre système, la vente est entièrement valable. Le défaut de désignation de l'arbitre, dit-on, peut toujours être réparé par la justice, qui le nommera pour les parties. Ce système s'appuie principalement sur les articles 1143 et 1144. C'est notamment celui de M. Valette. Je ne le crois pas exact. A mon avis, il faut s'en tenir à la première opinion, qui est conforme à l'es-

prit général du Code, en matière de vente. Admettez un instant la validité de la vente dont il s'agit. Intervenu sous une condition potestative de part et d'autre, le contrat manquera nécessairement de fixité.
Que l'on ne dise pas que la justice pourra désigner d'office les arbitres. Si rien dans la convention ne prouve manifestement qu'il a été
entendu qu'en cas de refus de l'une des parties, la justice intervien-
drait, on ne doit pas ajouter au contrat ce qu'il ne contient pas : il
y aurait là de la part de la justice un abus d'autorité inexplicable.

Que si la vente est l'accessoire d'un contrat de gage ou d'hypothèque
valable par lui-même, ou bien encore si elle se produit sous forme de
datio in solutum, il en sera tout autrement.

Je suppose maintenant que les arbitres désignés par les parties ayant
fixé le prix, leur estimation soit évidemment inférieure au prix réel
de l'objet vendu. Sera-t-il loisible aux parties de se pourvoir contre
la décision de l'objet vendu. Sera-t-il loisible aux parties de se pourvoir contre la décision des arbitres? Dans l'ancien droit, Cujas et Pothier, se conformant à une opinion émise par Accurse, décidaient que
s'il y avait lésion énorme, les parties ne seraient pas tenues de res-
pecter l'estimation des arbitres. C'était encore l'avis de Voët, de Perez,
de Vinnius et de presque toute l'Ecole Cujacienne. Quoique ce système
ait été soutenu encore dans ces dernières années, je pense, avec l'illustre M. Troplong, que « l'estimation des arbitres est une base dont
il n'est jamais permis de s'écarter. » Justinien l'avait admis ainsi.

3° *Le prix doit être sérieux.* — Quelle sera la limite? C'est là une
question de fait laissée tout entière à l'appréciation du juge. Si le
prix est dérisoire, la vente sera complétement nulle. Exemple : je vous
vends 100 fr. un vaste hôtel situé au centre d'une grande ville. La
vente sera entièrement nulle. Car le prix n'est pas sérieux : « *venditio
nugatoria.* »

Il n'est pas du tout nécessaire que le prix soit absolument égal à la
valeur de la chose vendue. Ce que la loi a prévu, en déclarant nulle
toute vente dont le prix n'est pas sérieux, c'est le cas où les parties

ont stipulé un prix manifestement dérisoire et se sont livrées à un véritable jeu.

Il ne faut pas confondre le prix *vil* avec le prix *non sérieux*. Quand le prix n'est pas sérieux, la vente est nulle. L'action, dont est nanti le vendeur, ne se prescrit que par trente ans. Il y a mieux : l'acheteur ne pourrait pas empêcher la revendication de l'objet qu'il détient, en offrant le supplément du juste prix.

Quand le prix est vil, la vente tient parfaitement si l'objet vendu est mobilier. S'il est immobilier, la vente n'est pas nulle, mais seulement annulable au profit du vendeur, qui n'a même que deux ans pour attaquer le contrat. Et l'acheteur peut aller au-devant de la rescision, en offrant le supplément du juste prix, sous la déduction d'un dixième. (Articles 1658, 1674, 1676 et 1681.)

4° Enfin, dernier caractère. Le prix doit être non fictif, c'est-à-dire stipulé avec l'intention formelle de l'exiger.

Ainsi, si le titre du contrat porte quittance du prix, quoiqu'il n'ait pas été payé, s'il s'agit d'une prétendue vente à charge de rente viagère, ou à fonds perdu, ou avec réserve d'usufruit, faite à l'un des successibles en ligne directe, il n'y a pas de vente. Il y a là une véritable donation que l'acquéreur et le vendeur ont cherché à déguiser sous l'apparence d'un contrat à titre onéreux.

Une pareille donation sera-t-elle valable ? La question est très-vivement agitée. Quelques auteurs déclarent cette donation nulle, en argumentant du principe que la donation n'est pas un contrat qui se forme *solo consensu*, mais un contrat soumis, quant à sa perfection, à des solennités exigées à peine de nullité.

D'autres la tiennent pour bonne, en se fondant sur les articles 911 et 918.

Sous la dénomination de prix, on comprend tout ce qui, étant déboursé par l'acheteur à l'occasion de la vente, passe dans les mains du vendeur, soit à titre d'intérêts d'épingles ou pots de vin.

Je suppose qu'un immeuble ait été vendu deux cents louis d'or. Quelque temps après la vente, mais avant le paiement, cette monnaie

est réduite. Quel est celui du vendeur ou de l'acheteur qui profite de
cette altération du métal ou qui en supporte le dommage? Quoique
cette question ait été très-controversée, je tiens pour certain que quelque soit le changement survenu dans le titre des espèces, l'acheteur
doit payer la valeur numérique convenue.

Je ferai remarquer en terminant que le prix n'est pas subrogé à la
chose vendue : il ne participe pas de sa nature. Si la chose vendue est
un immeuble, le prix ne peut pas être considéré comme immeuble
entre les mains du vendeur. Il est toujours chose mobilière.

SECTION IV.

DE LA CAPACITÉ DES PARTIES, EN D'AUTRES TERMES, QUI PEUT
ACHETER OU VENDRE.

(Articles 1594 à 1597.)

En principe, toute personne est capable de contracter, si elle n'en
a pas été déclarée incapable par la loi. (Art. 1123.) La liberté de vendre
et d'acheter est donc le droit commun, et forme la règle générale. Il
n'y a que ceux à qui il est expressément défendu d'acheter ou de
vendre, qui soient privés de ce droit. (Art. 1594.)

L'art. 1124 déclare incapables d'une manière générale : les mineurs, les femmes mariées, les interdits. Ces personnes ne peuvent,
par conséquent, ni vendre à qui que ce soit, ni acheter de qui que ce
soit. L'art. 1124 ajoute : « Sont encore incapables ceux auxquels la
loi a interdit certains contrats. » Il y a donc des personnes qui, capables en général, sont incapables relativement à certains contrats.
Certaines de ces prohibitions résultent des dispositions générales du
Code sur la matière des contrats.

Ainsi, ceux qui, pour cause de prodigalité sont placés sous l'autorité d'un conseil judiciaire, ne peuvent aliéner ni recevoir un capital mobilier sans l'assistance de leur conseil (art. 513).

Le tuteur ne peut vendre les biens appartenant aux mineurs qu'en recourant à certaines formalités.

Le maire d'une commune ne peut vendre de son chef les choses qui appartiennent au corps de la communauté. Il y a mieux ; la communauté elle-même ne peut contracter qu'avec l'aide de certaines formalités. La même incapacité domine les établissements publics, tels qu'hospices, communautés religieuses, etc.

Les ventes faites par un individu accusé de crime capital, étaient autrefois considérées comme nulles, s'il venait ensuite à être condamné. Sous l'empire du Code, on tranchera la question d'après les circonstances.

Le copropriétaire d'une chose indivise peut vendre sa part avant le partage ; mais, si le partage venant ensuite à s'effectuer, l'objet indivis tombe dans le lot du copropriétaire du vendeur, la vente sera résolue. Que si, par suite du partage, le vendeur conserve la chose ou une part dans cette chose, la vente tiendra.

Je suppose que l'on ait pratiqué sur moi une saisie immobilière. Si je vous vends ensuite l'immeuble, la vente ne tiendra qu'autant que vous la transcrirez avant la transcription de la saisie.

On peut vendre par soi-même ou par *procureur*. Mais si le procureur excède sa procuration, la vente est sans valeur.

Par l'application du principe de l'art. 1124, le Code, au chap. II du Titre de la Vente, traite spécialement de certains cas de prohibition de vente. Ces prohibitions sont expliquées sous les art. 1995, 1596 et 1597.

1° — Et d'abord, les ventes sont prohibées entre époux. (Art. 1595.)

Telle est la règle générale sous le Code. Il n'en était pas tout à fait de même à Rome. Aussi nous voyons que, dans notre ancien Droit français, plusieurs coutumes, frappées des inconvénients multiples auxquels donnait lieu la théorie romaine, avaient expressément défendu entre conjoints toute espèce de contrat au profit l'un de l'autre.

Pourquoi le législateur a-t-il prohibé les ventes entre mari et femme ? *Primo*, parce que si on les avait permises, rien n'eût été plus facile que d'éluder la prohibition faite aux époux de s'avantager au-delà des limites fixées par le Code. (Art. 1094, 1098 du Code Napol.) *Secundo*, parce que en outre les conjoints auraient très-certainement pu rendre irrévocables des dons que la loi soumet, comme les testaments, à une condition perpétuelle de révocabilité (art. 1096). Et enfin, parce que sans cette prohibition les époux auraient eu entre les mains un moyen par trop facile de frauder leurs créanciers, en faisant passer la fortune de l'époux qui a des dettes dans le patrimoine de celui qui n'en a pas. Il y avait donc un intérêt immense à prohiber le contrat de vente entre mari et femme. Aussi, le législateur a-t-il posé en principe que toute vente entre époux contient présomption légale de fraude.

Par exception, la vente entre époux est permise dans trois cas déterminés par l'art. 1595 :

1. « Celui où, les époux étant séparés de biens judiciairement, l'un des deux cède des biens à l'autre pour le remplir de ses droits. » Ici, en effet, la cession s'appuie sur des motifs légitimes. Mais remarquons bien qu'il y a là plutôt une *dation en paiement* qu'une véritable vente.

2. « Celui où la vente que le mari fait à sa femme, même non séparée, a une cause reconnue légitime. »

Je constate d'abord qu'il résulte des termes mêmes de la loi, que cette exception n'a pas lieu quand la femme vend à son mari.

Dans quels cas, la vente faite par le mari à la femme aura-t-elle une cause légitime ? Ceci, selon les auteurs les plus considérables, est une question de fait que la loi laisse entièrement à l'appréciation des tribunaux. Le Code nous cite un seul cas comme exemple de juste cause, celui où la cession faite par le mari a pour cause l'extinction d'une dette, dont le mari est tenu envers sa femme : « Le remploi de ses immeubles aliénés ou de deniers à elle appartenant, si ces immeubles ou deniers ne tombent pas dans la communauté (art. 1595).

L'art. 1595 n'est donc qu'indicatif. Du moins telle est l'opinion générale : c'est notamment celle qu'exprime M. Troplong, dans son remarquable commentaire du Titre de la Vente. Je dois dire pourtant que quelques auteurs ont soutenu qu'en dehors du cas prévu par la loi et que je viens de préciser, la cession faite par le mari à sa femme ne peut pas être considérée comme ayant un motif légitime, et par conséquent doit être annulée. Rien n'est plus faux, selon moi, que cette opinion. C'est encore là l'œuvre de ces esprits étrangement malheureux, qui n'ont jamais su sortir du domaine de l'abstraction, pour descendre sur le terrain pratique de la réalité des faits.

3° Le troisième cas d'exception est celui où la femme cède des biens à son mari, en paiement d'une somme qu'elle lui a promise en dot, et lorsqu'il y a exclusion de communauté. » Cette disposition de la loi se justifie parfaitement. Mais une pareille *datio in solutum* n'est permise qu'autant que les époux ne sont pas mariés sous le régime de la communauté.

Quel est le sens des mots ! « et lorsqu'il y a exclusion de communauté ? » D'après un premier système, défendu surtout par M. Valette, le régime dotal avec biens paraphernaux est le seul auquel ce troisième paragraphe de l'art. 1595 paraisse devoir être applicable. Mais, suivant une autre opinion que je crois la vraie, le troisième peut recevoir son application, même en supposant la femme mariée sous le régime sans communauté, même sous le régime de séparation de biens (M. Bugnet).

Je suppose que la femme soit débitrice de son mari pour causes antérieures au mariage. Pourra-t-elle lui faire une dation en paiement ? Non. Il est certain qu'une pareille solution est d'une rigueur et d'une dureté excessives. Mais il est très-certain aussi que telle est la pensée et le sens de la loi. On en est donc réduit seulement à faire des vœux pour la réformation de l'art. 1595 à cet égard.

Dans les cas où la vente entre époux est permise, s'il y avait avantage indirect, supérieur à la portion disponible, les héritiers réservataires de l'époux aliénateur pourraient intenter l'action en réduction.

Il y aura avantage indirect, si la valeur de la chose donnée en paiement est de beaucoup supérieure à la somme due.

Une question très-intéressante, mais très-controversée, est celle de savoir si tout héritier réservataire ou non, a le droit de faire tomber l'avantage, non pas seulement pour ce qui excède le disponible, mais en totalité. Suivant un premier système, qui est celui de M. Duranton, les héritiers à réserve peuvent seuls attaquer l'opération, et seulement jusqu'à concurrence de ce qui excède le disponible. En effet, les libéralités indirectes sont valables quand elles sont faites entre personnes capables de donner et recevoir directement (Art. 914 et 1099, argument à *contrario*). Les époux peuvent se faire des libéralités directes révocables (Art. 1096); donc l'avantage, résultant de la *datio in solutum*, doit valoir comme libéralité indirecte et révocable. Donc les héritiers à réserve peuvent seuls l'attaquer, si l'époux donateur est mort sans le révoquer. Je me vois une fois de plus dans la pénible nécessité de repousser l'opinion de l'honorable M. Duranton. A mon sens, les libéralités indirectes sont toujours nulles par défaut de forme, et fussent-elles valables selon le droit commun, elles devraient encore être nulles entre époux. L'époux de qui émane l'avantage indirect, peut donc en demander lui-même la nullité ; et, s'il le peut, ses héritiers, quels qu'ils soient, ses créanciers mêmes le peuvent également. Au surplus, le texte ne fait aucune distinction (MM. Bugnet et Valette).

L'action en rescision d'une vente entre époux ne court pas pendant le mariage (Art. 2256 du Code Napol.).

Les ventes entre époux, non autorisées par l'art. 1595, sont-elles nulles, ou bien ne sont-elles que des donations déguisées, simplement soumises à révocation ?

Cette question est controversée.

M. Toullier, et après lui, M. Duranton ont soutenu que, si les époux avaient voulu faire une vente réelle, l'opération serait nulle ; mais que s'ils avaient seulement l'intention de déguiser une libéralité sous l'apparence d'un contrat à titre onéreux, l'opération vaudrait comme donation révocable. Les partisans de ce système croient le justifier en faisant remarquer que l'art. 1595 ne prononce pas la peine de nullité, ainsi que le font les deux articles suivants pour les cas qu'ils ont en vue. Ils tirent aussi un argument en faveur de leur opinion, de la combinaison de l'art. 1595 avec l'art. 1096. Ce système a contre lui différents arrêts de Cours.

D'après une seconde opinion, qui est celle de MM. Valette et Bugnet, et que, pour mon compte personnel, je n'hésite pas à adopter, l'opération est nulle comme vente, puisqu'elle est faite en dehors des cas exceptionnels autorisés par la loi, et nulle comme donation indirecte; car ces donations sont en fait irrévocables. Toutefois, il est bien clair que les ventes faites contrairement à la prohibition de l'art. 1595, ne seront en réalité qu'annulables, puisque le vice dont elles sont infléciées, provient uniquement de l'incapacité des parties. L'action en rescision à laquelle elles donneront lieu ne sera prescriptible que par dix ans, à compter du jour de la dissolution du mariage; car la prescription ne court point entre époux, comme je l'ai dit plus haut.

La loi prohibe les ventes entre époux et nous présente les *datio in solutum* comme des exceptions à ce principe. Pourquoi cela? Parce qu'il est incontestable que ces opérations ont la plus grande analogie avec les ventes proprement dites. En effet, je suppose que je vous doive 20,000 fr. Je vous donne mon immeuble en paiement des 20,000 fr. C'est, *à peu de chose près*, comme si je vous le vendais pour 20,000 fr., avec compensation immédiate entre le prix de vente dont je suis devenu votre créancier et la somme que je vous dois. Cette analogie entre la vente et la dation en paiement l'avait fait assimiler complétement à la vente par le droit romain (Loi 4, au Code, *de evict.*). Et nous voyons que dans notre ancienne jurisprudence, la dation en paiement donnait ouverture aux lots et ventes et au retrait lignager. Néanmoins elle diffère de la vente proprement dite, en ce que les parties ont bien plutôt pour but d'éteindre une obligation préexistante, que de donner naissance à une obligation nouvelle. Il en résulte une différence considérable dans la position des contractants l'un vis-à-vis de l'autre. Le vendeur qui, dans la vente, est celui contre qui s'interprètent les pactes ambigus (Art. 1602), est ici le débiteur, c'est-à-dire celui en faveur duquel les doutes doivent être résolus. L'acquéreur, qui dans la vente est plus favorable comme débiteur du prix, est dans la dation en paiement le créancier, c'est-à-dire celui contre qui les clauses obscures doivent s'interpréter (Article 1162).

Dans notre ancien droit, il existait une autre grande différence entre la vente et la dation en paiement. Cette différence consistait en ce que, dans la vente, le vendeur ne s'obligeait pas précisément, nous l'avons vu, à transférer la propriété à l'acheteur, tandis qu'au contraire dans la dation en paiement, la translation de propriété était indispensables, n'y ayant pas de paiement valable sans translation de propriété (Loi 167, Dig., *De reg. juris*. — Commentaire de Pothier). Il est incontestable que, dans le Code, il n'y a plus de différence sous ce rapport entre la vente et la dation en paiement : toutes deux ont aujourd'hui pour objet de transférer la propriété à l'acheteur et au créancier.

Mais une dernière différence signalée par Pothier, et qui subsiste dans toute sa force, c'est que dans le cas où je vous vends une chose pour la somme de 10,000 fr., qui viendrait en compensation d'une pareille somme de 10,000 fr. que je croyais vous devoir, si je viens à découvrir que je ne vous la devais pas, je ne puis répéter la chose que je vous ai vendue, mais j'ai seulement le droit de vous demander les 10,000 fr. que j'ai, par erreur, compensés avec 10,000 fr. que je ne vous devais pas. Au contraire, lorsque je vous ai donné une chose en paiement de 10,000 fr. que je croyais par erreur vous devoir, c'est la chose même que je peux répéter de vous : mon action n'est alors, en effet, autre chose que la *condictio indebiti*. Et vous ne pourriez pas retenir la chose, en offrant de me rendre les 10,000 fr. par l'excellente raison que vous ne pouvez pas me forcer à une vente malgré moi.

2° Les ventes sont prohibées à l'égard de ceux qui sont chargés de les effectuer ou de les faire monter au plus haut prix possible (article 1596).

Prévenir la lutte de l'intérêt-personnel avec le devoir, tel est l'objet des prohibitions qui résultent de l'art. 1596.

1. « Les tuteurs ne peuvent acheter les biens de ceux dont ils ont la tutelle. »

L'art. 1596 ne parle point du subrogé-tuteur. Le subrogé-tuteur peut-il se rendre adjudicataire des biens du mineur? On est loin d'être d'accord à ce sujet. Une première opinion admet l'affirmative. Elle se fonde uniquement sur ce principe qui, au reste, domine notre notre matière, à savoir que toute personne est capable d'acheter, si elle n'en a pas été déclarée incapable par la loi. Or, dit-on, la loi n'a pas étendu au subrogé-tuteur la prohibition prononcée contre le tuteur. Donc, le subrogé-tuteur pourra se porter adjudicataire. Dans un autre système, qui est celui de M. Troplong, et que je crois être le vrai, on distingue entre la vente volontaire et la vente sur expropriation forcée. Au premier cas, le subrogé-tuteur est tenu d'être présent à la vente pour la surveiller (art. 452 et 459 du Code Napoléon). Il ne peut donc pas se porter acquéreur : lui permettre d'acheter pour son propre compte, ce serait le placer entre son devoir et son intérêt. Mais quand la vente est forcée, poursuivie sur la saisie des créanciers, le subrogé-tuteur n'est plus partie active dans la vente. On rentre donc dans le droit commun ; et l'art. 1596 ne saurait logiquement lui être appliqué.

Quid maintenant du curateur? Quoiqu'en ait pu dire M. Duranton, je crois la disposition prohibitive de l'art. 1596 entièrement applicable au curateur. Il est, en effet, chargé de protéger le mineur émancipé : il remplit les fonctions de tuteur à son égard. Mais je ne pense pas que le curateur soit incapable d'acheter les biens de l'émancipé, vendus sur expropriation forcée.

Que dire du conseil judiciaire donné à un prodigue? On doit lui appliquer les mêmes distinctions.

2. « Le mandataire ne peut acheter les biens qu'il est chargé de vendre. »

J'en conclus qu'un avoué ne peut se rendre adjudicataire, en son nom, des biens dont il est chargé de poursuivre l'adjudication : car il est mandataire chargé de vendre. La Cour de Bourges a néanmoins jugé le contraire par un arrêt du 13 février 1813.

3. « Les administrateurs ne peuvent acheter les immeubles des communes et établissements publics confiés à leurs soins. »

Il en est de même, d'après l'article 711 du Code de procédure civile, des juges, juges-suppléants, procureurs de la République, substituts et greffiers du tribunal où se poursuit la vente : ces personnes ne peuvent se rendre adjudicataires, à peine de nullité et de dommages et intérêts. Cependant il est certain que lorsqu'un juge, faisant partie du tribunal devant lequel se poursuit la saisie, est en même temps créancier poursuivant, il peut se rendre adjudicataire. L'article 711 du Code de procédure est aussi applicable aux ventes volontaires faites en justice.

4. « Ceux qui procèdent à la vente des biens nationaux ne peuvent s'en rendre adjudicataires. »

Cette disposition ne s'étend aux préfets, à leurs secrétaires-généraux et autres administrateurs, que dans le cas où ils font eux-mêmes la vente. (M. Regnaud de Saint-Jean d'Angely, au Conseil d'Etat.)

5. « Celui sur qui l'on poursuit la saisie ne peut se rendre adjudicataire. » (Article 711 du Code de procédure civile.)

Les raisons de cette disposition sont faciles à concevoir.

La femme commune du saisi pourrait-elle se rendre adjudicataire? La doctrine et la jurisprudence agitent cette question.

L'article 1596 annule non-seulement les ventes faites aux personnes incapables que nous venons d'énumérer, mais encore à *toute personne interposée*. Quand y a-t-il interposition de personnes dans le sens du Code? En matière de vente, la question d'interposition est une question de fait, qui doit être résolue d'après les circonstances. Ainsi, si l'adjudicataire n'est réellement que l'instrument du tuteur, le mineur peut demander la nullité de l'adjudication. En général, la proximité des personnes est un indice d'interposition.

La nullité prononcée par l'article 1596 ne peut être invoquée que par le vendeur ou ses créanciers agissant en son nom.

3. — Les juges, leurs suppléants, les membres du ministère public, les greffiers, huissiers, avoués, avocats et notaires ne peuvent devenir cessionnaires des procès, droits et actions litigieux, qui sont de la compétence du tribunal dans le ressort duquel ils exercent leurs fonctions, à peine de nullité, des dépens, dommages et intérêts. (Article 1597.)

« Cette disposition, comme le disait si bien M. Portalis, est la sauvegarde des justiciables. Le juge est établi pour terminer les contestations des parties, et non pour en trafiquer. » D'ailleurs, il importe que la justice soit respectée : et elle ne le serait pas, si on pouvait accuser le magistrat de profiter d'un crédit vexatoire et oppresseur. Comment seraient respectés les juges si on les voyait, spéculateurs avides, acheter des procès sur la solution desquels ils doivent avoir une influence plus ou moins directe? La loi n'a donc pas eu seulement en vue l'intérêt des plaideurs, elle s'est aussi préoccupée de la dignité de la justice.

L'origine de la prohibition de l'art. 1597 se rencontre dans les lois romaines.

Qui peut demander la nullité de la cession? La prohibition dont il s'agit étant d'ordre public, la nullité est absolue, radicale : elle peut donc être invoquée par toute personne intéressée, tant par le fonctionnaire cessionnaire que par le cédant ou le cédé. Du moins, telle est l'opinion générale. Quelques personnes pensent cependant que la cession, faite en violation de l'art. 1597 du Code, n'est frappée que d'une nullité relative qui ne peut pas être invoquée par le cessionnaire.

Les magistrats des Cours d'appel de la République sont compris dans la disposition de l'art. 1597. Le *ressort* dont parle notre article est celui du tribunal compétent pour connaître du procès. Je ferai remarquer en outre que la prohibition dont il s'agit s'étend à tous les droits litigieux quelconques qui s'agitent dans le ressort du tribunal compétent.

Que signifient au juste ces mots de l'art. 1597 : « *droits litigieux* » ? D'après l'art. 1699, le droit est *litigieux*, lorsqu'il y a procès entamé et contestation sur le fonds du droit. Doit-on interpréter l'art. 1597 par l'art. 1699 ? La très-grande majorité des auteurs reconnaît que par ces mots : *droits et actions litigieux*, le législateur a entendu autre chose qu'un procès, puisque dans l'art. 1597 lui-même il oppose le *droit litigieux* au *procès*. Il a voulu désigner les droits non reconnus, incertains, sujets à contestations et de nature à engendrer un procès.

Le droit cesse d'être litigieux lorsqu'il a été l'objet d'une décision passée en force de chose jugée. Il n'est pas non plus litigieux, lorsqu'étant clair, certain, il faut seulement recourir à des moyens de contrainte pour en procurer le recouvrement.

Quoique l'article 1597 ne parle pas de l'interposition des personnes, il faut nécessairement décider que, si la cession était déguisée par une interposition de personne, elle serait entièrement nulle, par analogie avec l'art. 1596.

Le cessionnaire de l'art. 1597 pourra-t-il invoquer le bénéfice des trois exceptions de l'art. 1701 ? La question est controversée. Les auteurs qui admettent l'affirmative soutiennent que dans ces trois cas la cession est légitime, parce qu'elle exclut toute idée d'avide spéculation. Pour la négative, on argumente du silence de la loi, et de cette considération, très-importante, dit-on, à savoir : qu'en admettant que la cession soit légitime, il n'en est pas moins vrai que le cédé a intérêt à ne pas se trouver en conflit avec un cessionnaire-fonctionnaire influent et puissant près le tribunal où doit se débattre l'affaire.

CHAPITRE II

Des modalités de la vente. — De la vente des choses qui se comptent, se pèsent ou se mesurent. — De la vente des choses qu'on est dans l'usage de goûter avant d'en faire l'achat. — Des ventes à l'essai. — De la preuve du contrat de vente. — Des frais d'actes. — Honoraires du notaire. — Droits de mutation.

SECTION 1.

DES MODALITÉS QUI PEUVENT AFFECTER LA VENTE. — DE LA VENTE DE DEUX OU PLUSIEURS CHOSES ALTERNATIVES.
(Art. 1584.)

La vente peut être pure et simple. Mais elle peut aussi être affectée de certaines modalités, dont traite l'art. 1584. Dans tous les cas, au reste, nous dit cet article, son effet est réglé par les principes généraux qui dominent la matière des conventions.

(a). — Et d'abord, la vente peut être conditionnelle.

Constatons de suite que l'accomplissement de la condition ne doit pas dépendre du plein arbitre de l'une des deux parties. Mais la vente ne serait certainement pas nulle, si la condition était telle qu'elle en fît pas dépendre l'obligation du pur arbitre de la partie. Il y a donc certaines conditions potestatives admissibles. Je veux parler de celles qui, quoique reposant sur un fait personnel à l'un des contractants, ne le rendent pas absolument maître d'arrêter l'effet de l'obligation.

De même on peut conférer la condition à la volonté d'un tiers, à qui on s'en rapporte comme arbitre. L'art. 1592 nous donne un exemple à ce sujet. Il est possible aussi que l'effet de la convention dépende à la fois du fait de l'une des parties contractantes et du fait d'un tiers (art. 1171). En pareil cas, la condition est dite *mixte*.

La vente peut être faite sous une *condition suspensive*. En quel sens une telle vente est-elle parfaite? Elle est parfaite en ce sens que l'une des parties ne peut en discéder sans le consentement de l'autre. Par exemple, si le vendeur vient à mourir pendant la suspension de la condition, ses héritiers devront tenir le marché comme si la vente était pure. *Quid* au cas de faillite? La vente obligeant conditionnellement le vendeur ou ses représentants, si la condition se réalise, les syndics sont dans l'obligation de délivrer, et la vente est réputée avoir été pure et simple *ab initio*. (Arrêt de la Cour de cassation du 11 novembre 1812, etc.) Mais, sous d'autres rapports la vente faite avec condition suspensive n'acquiert sa véritable perfection que par l'avénement de la condition. Tant que la condition est en suspens, la propriété n'est pas transférée; le vendeur reste toujours maître de la chose qui demeure à ses risques et périls. C'est lui qui jouit des fruits. Bien mieux, il peut vendre la chose à un nouvel acquéreur. Toutefois, si la condition se réalise, la règle « *resoluto jure dantis resolvitur jus accipientis* » recevra son application pleine et entière. D'un autre côté, l'acquéreur et, après lui, ses héritiers, s'il décède, peuvent, pendant la suspension, faire des actes conservatoires.

L'événement de la condition a une conséquence très-importante : c'est que, pour juger de la capacité des parties contractantes, on doit se reporter non pas au moment de l'événement de la condition, mais à l'époque de la conclusion du contrat. Autre conséquence remarquable : l'événement de la condition produit un effet rétroactif au jour du contrat, même à l'égard des tiers. Il importe de constater cependant que le tiers acquéreur, qui a joui pendant dix ans avec juste titre *et bonne foi*, prescrit *pendente conditione*.

Que si la condition vient à manquer, la vente est nulle et non avenue.

Citons comme exemples intéressants de ventes faites sous condition suspensive : les ventes avec condition de pesage et de mesurage, celles faites à l'essai et avec condition de dégustation (nous nous en occuperons bientôt), et aussi les ventes faites avec des arrhes, dont j'ai longuement parlé.

En second lieu, la vente peut être faite sous *condition résolutoire*. La condition résolutoire est même toujours sous-entendue de plein droit, en cas d'inexécution de ses obligations de la part du vendeur ou de l'acquéreur (art. 1184 et 1654 du Code civil).

Lorsqu'il y a condition résolutoire expresse, le contrat doit immédiatement recevoir son exécution. Seulement, il est résolu si la condition se réalise. L'arrivée de la condition remet les choses au point où elles étaient avant la vente : tous les droits consentis à des tiers sont anéantis. Remarquons que les fruits ne peuvent être répétés contre l'acheteur.

En est-il bien de même lorsque la vente est résolue par suite d'une inexécution de la convention? La question est controversée et comporte, je crois, des distinctions.

La clause résolutoire opère-t-elle de plein droit? Quant aux *conditions résolutoires casuelles*, il est certain qu'elles agissent de plein droit. Quant aux conditions *résolutoires potestatives affirmatives*, elles opèrent aussi de plein droit la résolution du contrat, lorsque le fait qu'elles avaient en vue se réalise. Et ici, le Code Napoléon est conforme à l'ancienne jurisprudence. Mais, *quid* des conditions *résolutoires potestatives négatives*, c'est-à-dire de ces conditions qui stipulent la résolution du contrat comme peine de l'omission d'un fait prévu? Dans l'ancien droit, ces sortes de conditions ne produisaient pas leur effet *ipso jure*. La résolution n'était opérée que par la sentence du juge. Aujourd'hui, il est certain que la question est controversée. Divers arrêts de Cours maintiennent la doctrine extrême de l'ancien roit. Je crois, pour mon compte, que ces arrêts sont entachés d'erreurs. Le Code a fait une distinction entre les clauses *résolutoires ta-cites* (qui sont toujours liées à des conditions potestatives négatives), pour lesquelles il admet la décision de l'ancienne jurisprudence, et les clauses résolutoires expresses, dont l'accomplissement entraîne résolution de *plein droit* (art. 1183).

(*b.*)—Enfin, la vente, nous dit l'art. 1584, peut porter sur deux ou plusieurs choses alternatives.

Telles sont les quatre clauses principales qui viennent le plus souvent s'ajouter à la vente, et dont s'occupe spécialement le Code, puisqu'il traite à part certaines conditions suspensives, telles que celles de mesurage, de pesage, de dégustation, d'essai, d'arrhes, et deux conditions résolutoires assez fréquentes : le *pacte commissoire* et la *clause de réméré*. Mais il est certain que la vente peut être affectée de beaucoup d'autres modalités, dont n'a point parlé le législateur. Pour toutes ces espèces, le Code, en l'art. 1584, renvoie aux principes généraux des conventions.

SECTION II.

DE LA VENTE DE CHOSES QUI SE COMPTENT, SE PÈSENT OU SE MESU-RENT.

(Articles 1585 et 1586.)

Ces choses peuvent être vendues de quatre manières différentes.

1° — Elles peuvent être vendues en bloc. Elles sont vendues en bloc ou *per aversionem*, lorsqu'on vend pour un seul prix une certaine chose prise en masse. Exemple : je vous vends 1000 fr. tout le blé qui est dans mon grenier. Il y a encore vente en bloc, lorsqu'à une chose, considérée en masse et vendue pour un prix unique, on ajoute la mesure qu'elle est présumée contenir. Exemple : je vous vends

1000 fr. tout le blé qui est dans mon grenier, de la quantité de 34 hectolitres.

La vente en bloc n'est pas condftionnelle : le prix est certain, la chose déterminée. Une pareille vente est parfaite sous toute espèce de rapports. Elle engendre des obligations réciproques, transfère la propriété et met les risques à la charge de l'acheteur. Ceci est conforme au Droit romain.

2° — On peut vendre pour un prix unique une certaine portion indivise d'une masse individuelle. Exemple : je vous vends 500 fr. la moitié du blé qui se trouve dans mon grenier. C'est comme si je vous avais vendu la moitié de tout autre corps certain. Rien ne manque encore à la perfection de cette vente. Elle crée des obligations réciproques, transfère la propriété et met les risques à la charge de l'acheteur.

3° — On peut vendre une masse individuelle, non plus pour un prix unique, mais à raison de tant le poids ou la mesure. Exemple : je vous vends tout le blé qui est dans mon grenier, à raison de 30 fr. l'hectolitre. Vente très-valable. Car, si le prix n'est pas déterminé, il pourra l'être par le mesurage. Toutefois, il est bien certain que la validité de la vente dépend du mesurage, comme d'une condition suspensive et *sine qua non*, puisqu'il ne peut pas y avoir vente définitive sans prix déterminé (art. 1491). Une pareille vente est donc conditionnelle. Elle produit des obligations conditionnelles. La propriété n'est pas transférée par le seul effet du contrat ; il faut attendre l'accomplissement de la condition. Que si la chose périt avant le comptage, le mesurage ou le pesage, elle périt pour le vendeur : car, dans les ventes conditionnelles, la chose est aux risques du vendeur. Sous ce rapport, la vente est par conséquent imparfaite. Mais, par ailleurs, elle est parfaite en ce sens que les parties sont liées : elles ne peuvent renoncer à la vente sans le consentement l'une de l'autre. Avant l'évènement de la condition, les parties contractantes n'ont pas le droit de discéder de leur engagement.

4° — Enfin, on peut vendre, pour un prix unique, tant de mesures à prendre dans une masse individuelle. Exemple : Je vous vends 3,000 francs cent hectolitres de blé, à prendre dans le tas de blé qui se trouve dans mon grenier. Ici, il y a bien unité dans le prix, mais il n'y a pas individualité dans la chose vendue. Ce n'est pas un corps certain qui a été vendu, mais un genre très–limité. Conséquence : Toutes les règles qui régissent les choses *in genere* seront applicables à une semblable vente. La vente est parfaite au point de vue des obligations, mais imparfaite au point de vue de la translation de propriété, qui n'a pas lieu avant le mesurage, et des risques qui sont toujours pour le vendeur.

Je crois que tel est le sens de la loi à cet égard. Je dois dire pourtant que cette doctrine n'est pas admise par tout le monde. Suivant quelques auteurs, par exemple M. Delvincourt et le systématique M. Duranton, les pertes partielles ne sont pas à la charge de l'acheteur, tant qu'il reste assez de mesures pour faire la délivrance de la quantité qui lui a été vendue. Mais si le tas de blé périt en totalité, il périt pour l'acheteur, quant aux mesures qu'il y avait : car il est alors certain que ce qui faisait l'objet de la vente a péri. Je ne partage pas du tout cette opinion. La loi 35, § 7, au Digeste, *De peric.*, la condamne de la manière la plus absolue. La vente étant conditionnelle, tout le risque est à la charge du vendeur, *pendente conditione.*

Lorsque la vente de marchandises n'a pas lieu en bloc, mais au poids, au compte ou à la mesure, la délivrance ne s'opère que par le pesage, le comptage ou le mesurage faits contradictoirement. (Arrêt de la Cour de Nancy du 4 janvier 1827.) La preuve du mesurage, du comptage, du pesage, dépend tout entière des circonstances. Le mesurage, le comptage ou le pesage doivent être faits dans le temps déterminé par la convention ; sinon la résolution de la vente a lieu de plein droit et sans sommation. Si la convention est muette, l'acheteur pourra être condamné à des dommages et intérêts. Enfin, si la chose a péri depuis la mise en demeure, le risque ne sera pas considéré comme étant pour l'acheteur ; mais l'acheteur pourra être condamné à des dommages et intérêts. Enfin, si la chose a péri depuis la mise en

demeure, le risque ne sera pas considéré comme étant pour l'acheteur ;
mais l'acheteur pourra être condamné à des dommages et intérêts
que les juges régleront suivant les circonstances.

SECTION III.

DE LA VENTE DES CHOSES QU'ON EST DANS L'USAGE DE GOUTER AVANT D'EN FAIRE L'ACHAT.

(Article 1587.)

Il y a certaines choses qu'on n'est dans l'usage d'acheter, qu'autant
qu'elles ont été préalablement goûtées : telles sont le vin et l'huile,
nous dit l'art. 1587. Lorsqu'on vend du vin, de l'huile, etc., la condition de dégustation est sous-entendue : c'est là le sens de notre article. Mais l'acheteur peut renoncer expressément à cette condition, et
alors la vente est pure et simple. Il en serait de même, s'il résultait
des circonstances que l'acheteur a acheté sous la condition que la chose
est de bonne qualité, *suivant le goût général.*

Lorsqu'il y a condition de dégustation expresse ou tacite, en quel
sens l'article 1587 dit-il que la vente n'existe pas tant que la chose n'a
pas été goûtée et agréée par l'acheteur? Deux systèmes sont en présence. D'après MM. Valette et Troplong, la vente était faite sous une
condition suspensive, purement potestative de la part de l'acheteur,
elle est parfaite en ce sens que le vendeur est obligé, imparfaite sous
tous autres rapports. Tant que la condition n'est pas remplie, l'acheteur n'est ni obligé, ni propriétaire, et les risques ne sont pas à sa
charge. Suivant un second système que je crois devoir adopter, *le
vendeur lui-même n'est pas obligé.*

La première interprétation n'est, en effet, que la reproduction de la
théorie de Pothier et des autres auteurs qui traitent de l'imperfection
de la vente. Or, il résulte, selon nous, des termes mêmes de l'art. 1587,

que le législateur a entendu rejeter l'ancienne doctrine. Que nous dit-il en effet? *Qu'il n'y a point de vente,* tant que l'acheteur n'a pas goûté et agréé. La vente est donc imparfaite sous tous les rapports : elle n'existe pas, jusqu'à la dégustation.

Remarquons que l'art. 1587 exige deux conditions pour que la vente avec dégustation par l'acheteur soit parfaite : d'abord la dégustation, ensuite l'approbation donnée par l'acheteur.

Peut-on convenir que la dégustation sera faite par des experts appelés à contrôler le goût de l'acheteur? Oui. Et en pareil cas, il est constant que l'acheteur ne pourra refuser la marchandise, si elle est réellement bonne. La vente produit alors tous les effets d'une vente conditionnelle : elle lie l'acheteur comme le vendeur. M. Merlin a pourtant combattu cette doctrine.

Maintenant dans quels cas la dégustation doit-elle être faite par l'acheteur lui-même, ou bien être contrôlée par des experts jurés? Suivant la majorité des auteurs, il est impossible de résoudre la question *a priori* : tout dépendra des circonstances. Ainsi, par exemple, si l'on se trouve en présence de ventes commerciales, l'avis des experts doit intervenir. Ou bien encore, s'il s'agit de vérifier la conformité du vin vendu et expédié, avec des échantillons remis à l'acheteur, c'est par des tiers experts que cette vérification devra être opérée.

La preuve de la dégustation est aussi une question de fait, qui devra être tranchée suivant les cas. En principe, on doit supposer que la dégustation a eu lieu, lorsque l'acheteur a pris livraison.

Je termine l'explication de l'art. 1587, en faisant remarquer que lorsque la dégustation doit être faite par l'acheteur seul, et qu'il déclare ne pas agréer la chose, il n'a aucun compte à rendre de son refus (Digeste, loi 34 § 5, *de Contr. empt.* — Troplong, Delvincourt).

SECTION IV.

DES VENTES A L'ESSAI.
(Article 1588).

Il y a des choses qu'on ne se décide souvent à acheter qu'après en avoir fait l'essai, par exemple un cheval, une montre. L'art. 1588 s'occupe de ces sortes de ventes. Mais constatons, dès ici, que la condition d'essai doit être expresse : la loi ne la sous-entend pas de plein de droit.

L'art. 1588 nous apprend que les ventes à l'essai sont toujours présumées faites sous condition suspensive.

Dans le droit romain, la vente à l'essai était tantôt faite avec condition résolutoire, tantôt faite avec condition suspensive, suivant les cas. Pour savoir si la condition d'essai était suspensive ou résolutoire, il fallait se reporter aux termes de la convention. Cependant Pothier, généralisant une espèce particulière prévue par Ulpien (Loi 3, au Dig., *de Contr. empt.*), fit passer en jurisprudence que la vente avec condition d'essai était toujours présumée résoluble. Cette erreur de notre vieil auteur a malheureusement entraîné les rédacteurs du Code civil dans une erreur contraire. Substituant en effet, à la condition présumée résolutoire de Pothier, une condition présumée suspensive, ils ont posé dans l'art. 1588 une présomption forcée. C'est là une erreur regrettable. En pareille matière tout devrait dépendre de la convention des parties, comme dans le droit romain.

Au reste, il n'en est pas moins vrai que la vente à l'essai est simplement présumée faite sous condition suspensive : concluons-en qu'elle peut être faite sous condition résolutoire. Les parties peuvent toujours déroger dans leurs conventions à la présomption de l'article 1588. Seulement, bien entendu, en cas de doute, la vente devra être considérée comme faite sous une condition suspensive.

Dans la vente faite avec la condition suspensive d'essai, il n'y a pas vente parfaite. Le vendeur est définitivement lié ; mais l'acheteur l'est seulement sous la condition suspensive que la chose vendue est telle qu'elle pourra remplir le but auquel il la destine. Je dis : « Sous la condition suspensive que la chose vendue pourra remplir le but de l'acheteur. » En effet l'acheteur ne peut pas, quoique la chose vendue soit loyale et marchande, refuser de conclure le marché, sous prétexte que la chose ne lui convient pas.

Remarquons cependant que s'il était prouvé d'après les termes du contrat ou les circonstances qui ont entouré sa formation, que la vente est faite sous la condition que la chose vendue conviendra au goût individuel de l'acheteur, l'essai constituerait en pareil cas une condition purement potestative de la part de l'acheteur : le vendeur serait seul obligé.

Lorsqu'il y a délai préfix pour faire l'essai si l'acheteur laisse s'écouler le délai, la condition suspensive ne s'étant pas réalisée, la vente disparaît de plein droit. (Art. 1176, Code Napol.) Si la condition était résolutoire, le résultat serait le même.

Quid en matière commerciale ? En matière de commerce, celui qui laisse s'écouler le délai convenu sans faire connaître son sentiment sur la chose, qu'il a prise à l'essai avant de l'acheter, est ordinairement condamné à la garder.

Que si la convention ne fixe pas de délai pour l'essai, on distingue le cas où elle est conditionnelle, de celui où elle est résoluble. Au premier cas, on pourra, suivant les circonstances, ou décider que l'acheteur a agréé, par le seul fait de son silence prolongé, la chose qui lui était donné à l'essai, ou le forcer judiciairement à se prononcer dans un bref délai. Dans le second cas, le juge fixera *ad libitum* le temps dans lequel l'acheteur pourra demander la résolution du contrat. Notons toutefois que ce laps de temps doit être fort court.

Dans notre ancien droit, la vente à l'essai étant toujours présumée faite sous condition résolutoire, les risques étaient pour l'acheteur. Dans le Code, la vente à l'essai étant présumée faite sous condition suspensive, les risques resteront au contraire à la charge du vendeur.

L'acheteur doit user loyalement de la chose à lui livrée pour en faire l'essai. Il ne doit en tirer aucun parti, sans quoi il serait censé agréer l'objet vendu. Il doit veiller sur la chose en bon père de famille.

La faculté d'approuver la chose est-elle personnelle? Voët répond affirmativement (*De Contr. empt.*, n° 26.) Je ne crois pas que cette opinion soit exacte. Il me paraît plus conforme et à la nature des choses et aux principes généraux des conventions, de décider que l'héritier de l'acquéreur ou ses créanciers pourront profiter du marché.

Je fais enfin observer que l'agrément de l'acheteur ne donne pas à la vente un effet rétroactif, par l'excellente raison que la vente n'existait pas auparavant à son égard. On peut appliquer ce principe au cas de faillite de l'acquéreur.

SECTION V.

DE LA PREUVE DU CONTRAT DE VENTE.
(Article 1582, 2° alinéa.)

Nous savons que la vente est un contrat consensuel. Et en effet l'article 1583 nous dit que la vente est parfaite, dès qu'on est convenu de la chose et du prix ; l'article 1703 décide que l'échange se forme, *comme la vente, par le seul consentement des parties.*

La vente est donc parfaite par le seul consentement des parties. Mais les parties peuvent subordonner la perfection du contrat à la rédaction d'un acte authentique ou sous-seing privé : en pareil cas, tant que l'acte n'est pas dressé, la vente n'est qu'un simple projet qui n'engage personne.

De ce que la vente est un contrat consensuel, j'en conclus qu'elle peut être prouvée par acte *authentique* ou *sous-seing privé*. A défaut d'écrit, elle peut l'être par témoins s'il existe un commencement de preuve par écrit, conformément au principe de l'article 1347. Que s'il n'existe pas de commencement de preuve par écrit, la preuve testimoniale est encore admissible, si le prix de la vente ne dépasse pas 150 fr. (art. 1341), et si fort qu'il soit, lorsqu'il a été manifestement impossible aux parties de dresser un écrit (art. 1348). Enfin, à défaut de preuve écrite ou testimoniale, on peut prouver la vente par l'aveu ou le serment.

Les termes mêmes de l'article 1582, 2e alinéa, portant que « la vente peut être faite (*prouvée*) par acte authentique ou sous-seing privé, ne sont-ils pas exclusifs de tous autres moyens de preuve? Il est impossible d'admettre une semblable opinion. Si l'on veut bien remonter aux origines historiques de la disposition de l'article 1582, on constate qu'elle doit être comprise en ce sens seulement que, dans le cas où les parties rédigent un écrit, elles pourront choisir, soit la forme authentique, soit la forme sous-seing privé. Le législateur l'a exprimé formellement, parce que le tribunal avait proposé d'introduire dans le Code l'usage suivi par certains Parlements, qui n'admettaient la preuve des ventes d'immeubles que par acte authentique. Le Code a voulu signifier expressément qu'il rejetait cette théorie. Telle est l'explication de l'article 1582, 2° alinéa.

SECTION VI.

FRAIS D'ACTES. — HONORAIRES DU NOTAIRE. — DROITS DE MUTATION.
(Art. 1593.)

Dans la vente, quelle est celle des deux parties qui a nécessairement besoin de l'acte de vente? L'acheteur. Or il est de principe que celui qui veut se procurer un titre doit avoir à sa charge les frais nécessaires pour le constituer. Le Code présume donc qu'en l'absence de conventions formelles de la part des parties, il a été tacitement entendu que l'acheteur, en outre de son prix, supportera les dépenses qu'entraîne la confection de l'acte, comme les frais de papier timbré, les honoraires du notaire, les déboursés nécessaires pour faire enregistrer et transcrire l'acte, et tous les autres frais accessoires à la vente.

J'ajoute que le notaire, étant le mandataire des deux parties, aura le droit, s'il le veut, de se faire payer ses frais d'actes et honoraires par le vendeur, sauf le recours de celui-ci contre l'acheteur.

La question de savoir si ce recours est ou non privilégié, est assez vivement controversée ; mais elle ne me paraît guère controversable.

CHAPITRE III.

Des effets de la vente et spécialement de la translation de la propriété.

(Art. 1583.)

Quels effets la vente produisait-elle en Droit romain ? La vente, lorsqu'elle était *perfecta*, produisait deux effets :

1° — Elle produisait des obligations. Elle créait un lien entre l'acheteur et le vendeur. Son effet direct, immédiat, c'était de rendre le vendeur débiteur de la chose vendue et créancier du prix. Mais la vente même parfaite ne transférait jamais la propriété : car en Droit romain, l'obligation ne tranfère pas la propriété. Que faudra-t-il donc pour que la propriété soit acquise à l'acheteur ? Il faudra que, postérieurement à la vente, il intervienne un certain fait extérieur qui lui transférera la propriété. Ce fait extérieur, c'est la tradition de la chose vendue entre les mains de l'acquéreur, c'est le paiement du prix par l'acheteur. Jusque-là, l'obligation née de la vente sera purement personnelle. L'acquéreur ne pourra pas agir par l'action *rei vindicatione*, comme propriétaire de la chose. Car le seul propriétaire, avant la tradition, c'est le vendeur. Conséquence : si je vends la même chose à deux individus, celui-là sera préférable, qui aura été mis le premier en possession de la chose.

2° En Droit romain, les risques de la chose vendue sont à la charge de l'acheteur. D'où je tire cette conclusion que l'acheteur sera dans la nécessité de payer le prix, même au cas où la chose périra avant la tradition, mais sans la faute du vendeur.

Ces principes étaient ceux de notre ancien droit.

Aujourd'hui, la vente peut produire trois effets : 1° créer des obligations; 2° mettre les risques de la chose vendue à la charge de l'acheteur; 3° transférer la propriété. Le Code Napoléon décide que l'acquéreur est investi de plein droit de la propriété de la chose vendue, par la seule puissance du consentement, indépendamment de la tradition et du paiement du prix. Car, dans notre droit, les obligations peuvent transférer la propriété (Art. 711).

Le système contraire du Droit romain a été rejeté et avec raison. Je sais que l'on a paru vouloir, à une certaine époque au moins, critiquer cette innovation comme contraire à la nature des choses. Il ne faut tenir aucun compte de ces critiques : elles sont l'œuvre d'esprits étroits et contradicteurs.

Les rédacteurs du Code ont certainement fait un pas immense dans la voie du progrès : et le principe, qu'ils ont posé relativement à la transmission de propriété, est à la fois conforme aux exigences du crédit public et à la philosophie du droit.

La vente produit-elle toujours à la fois les trois effets que je viens de signaler? Il faut répondre que non. La question comporte des distinctions.

1. La vente est à la fois productive d'obligations et translative de propriété, avec les risques pour l'acheteur, lorsque, pure ou à terme, elle a pour objet un corps certain dont le vendeur était véritablement propriétaire. Elle crée des obligations : elle oblige le vendeur à livrer et garantir la chose vendue, l'acheteur à payer le prix. Elle transfère *directement*, par la seule force du consentement, la propriété !

Elle met les risques de la chose vendue à la charge de l'acheteur :
« *Res perit domino.* » (Art. 1138).

2. La vente d'un corps certain est seulement créatrice d'obligations
et translative de propriété : 1° toutes les fois que, par une clause ex —
presse, le vendeur a conservé les risques à sa charge ; 2° toutes les
fois que la vente est faite sous une condition suspensive. Donc, si la
chose vient à périr *pendente conditione*, l'acheteur ne paiera pas son
prix, alors même que la condition se réaliserait postérieurement à la
vente (Art. 1182).

3. Enfin, il est des cas où la vente est simplement productive d'o-
bligation.

D'abord la vente produit seulement des obligations réciproques de
la part des deux parties, lorsque la chose vendue est *indéterminée*.
Exemple : je vous donne, en paiement de la somme de 20,000 fr.
que je vous dois, tant d'hectares de terre à prendre dans tel pays.
Cette dation en paiement (qui, nous l'avons vu, constitue une sorte de
vente) ne vous rend pas sur-le-champ propriétaire. La perte serait à
ma charge. Pour que vous deveniez propriétaire, il faudra que les hectares de terre soient déterminés par la désignation que je vous en ferai
signifier.

En second lieu, la vente ne produit que des obligations, lorsqu'elle
a pour objet un corps certain, si les parties ont entendu expressément renvoyer à une époque ultérieure le transport de la propriété.
Je vous vends ma maison 20,000 fr. ; mais je veux en rester propriétaire jusqu'au 1er janvier 1872. La propriété ne passera sur votre tête
que le 1er janvier 1872.

Que conclure de cela ? C'est que les termes *vendre, aliéner* ne sont
pas synonymes.

En résumé, la vente n'est donc plus un contrat produisant un simple *jus ad rem*, comme dans le Droit romain, comme du temps de
Pothier. Elle engendre le *jus in re*.

De la translation de propriété, considérée comme effet de la vente.

La vente aussitôt conclue est translative de la *propriété* qu'elle a pour objet. Mais cette propriété est-elle *absolue*, ou simplement *relative?* En d'autres termes, l'acheteur est-il, par le simple effet du contrat, propriétaire tant à l'*égard des tiers*, qu'à l'*égard du vendeur?*

A l'égard du vendeur, le moment où l'acheteur est devenu propriétaire est déterminé par la date de l'acte de vente. Mais *quid* à l'égard des tiers? Notre article dit : « La vente est parfaite *entre les parties* ; la propriété est acquise à l'acheteur à l'*égard du vendeur.* » Est-ce donc à dire que le vendeur dans ses rapports avec les tiers reste propriétaire?

Cette question est excessivement intéressante. On doit l'envisager sous deux points de vue : l'un qui se réfère aux ventes de *meubles,* l'autre qui se réfère aux ventes d'*immeubles.*

A. — Et d'abord, *vente de meubles.* Nous trouvons la solution de la question dans l'art. 1141 du Code Napoléon : « Si la chose qu'on s'est obligé de donner ou de livrer à deux personnes successivement et purement mobilière, celle des deux qui en a été mise en possession est préférée et en demeure propriétaire, encore que son titre soit postérieur en date, pourvu toutefois que sa possession soit de bonne foi. » Donc, en ce qui concerne les meubles, la vente n'est pas parfaite vis-à-vis des tiers par le seul consentement. Le principe du Droit romain a été maintenu ici dans toute son intégrité. A l'égard des tiers, le véritable propriétaire, ce n'est pas le porteur d'un titre le premier en date : c'est le *possesseur de bonne foi* de la chose, bien que son titre soit postérieur en date. Car, « en matière de meubles, la possession vaut titre. » (Art. 2279 du Code Napoléon.)

J'expose ici la question, telle qu'elle est entendue par les jurisconsultes les plus autorisés, notamment par M. Troplong, dans son commentaire du Titre de la Vente. Je sais cependant que la question de savoir si la vente d'un meuble non suivie de tradition, en transfère la propriété à l'acheteur, tant dans ses rapports avec les tiers, qu'à l'égard du vendeur, a été et est encore comprise tout différemment par quelques-uns. Suivant une certaine opinion, qui a eu, autrefois surtout, quelque créance, la vente d'un meuble, comme la vente d'un immeuble, transfère la propriété à l'acheteur, sans qu'il y ait besoin de tradition, propriété absolue, c'est-à-dire opposable à tout le monde, mais prescriptible par la seule possession de bonne foi de la chose, indépendamment du laps de temps. Conséquence : L'acheteur peut revendiquer contre toute personne qui ne peut pas invoquer la maxime : « En fait de meubles, la possession vaut titre », c'est-à-dire contre son vendeur, contre les seconds acheteurs de mauvaise foi, contre ceux qui ont *volé* la chose vendue ou qui l'on *trouvée*.

Cette opinion se fonde principalement sur les art. 711 et 1138 du Code.

J'aime mieux m'en tenir au premier système.

(b). — *Quid* maintenant de la vente d'un immeuble à l'égard des tiers ?

L'acheteur devient-il, par le seul effet de la vente, propriétaire à l'égard des tiers ? Sous l'empire du Code Napoléon, tel qu'il a été promulgué en 1804, l'affirmative ne peut pas être mise en doute un seul instant. Les législateurs du Code Napoléon ont décidé bien clairement que la vente, par elle-même, par sa seule énergie, c'est-à-dire indépendamment de la tradition de la chose vendue et de la transcription de l'acte qui constate le contrat, transfère la propriété tant à l'égard des tiers qu'à l'égard du vendeur. D'où cette conséquence, qu'entre deux acquéreurs d'un même immeuble, la préférence se règle par la date du titre.

Une loi célèbre, la loi du 11 brumaire, an VII, avait décidé que la vente rendait par elle-même l'acheteur propriétaire à l'égard du vendeur ; mais que pour opérer la mutation de propriété à l'égard des tiers, la transcription du titre constatant le contrat sur un registre existant, à cet effet, aux bureaux de conservation des hypothèques, serait indispensable. Il en résultait, à l'époque où cette loi était en vigueur, que tant que la vente n'était pas transcrite, la propriété de de la chose vendue continuait de résider, au regard des tiers, en la personne du vendeur. S'il aliénait ou hypothéquait la chose vendue, l'acte qu'il passait était opposable à l'acheteur. Ainsi, dans l'hypothèse de deux ventes successives consenties par la même personne à deux acheteurs différents, la question de savoir lequel des acheteurs était et devait rester propriétaire, se résolvait par la date des transcriptions.

Lors de la rédaction du Code Napoléon, une vive et solennelle discussion s'engagea à propos de la transcription.

La transcription fut d'abord admise pour les donations entre vifs. Au titre des obligations, la lutte recommença : elle fut acharnée. Mais le problème ne fut pas résolu. L'art. 1140 ne constate qu'une étape de la discussion et se borne à un renvoi pur et simple. Au titre de la vente la question se représenta : elle fut encore laissée entière. Mais arrivés enfin à la discussion du titre des hypothèques, il fallut bien, aux rédacteurs du Code, prendre une décision : là, il n'était plus possible de reculer. Le système de la loi de brumaire, an VII, eut de chaleureux et illustres défenseurs ; il succomba cependant en définitive. (Art. 2182.) La grande question était donc résolue. La propriété étant certainement transmise, par le seul effet du contrat du vendeur à l'acheteur, aux termes de l'art. 1583, et le vendeur ne pouvant désormais transmettre à un nouvel acheteur plus de droits qu'il n'en a, aux termes de l'art. 2182, il est clair qu'il ne peut lui transmettre la propriété qu'il n'avait plus depuis la vente : la réserve du droit des tiers, résultant implicitement de la rédaction de l'article 1583, se trouvait ainsi abandonnée.

Quelques jurisconsultes voulurent trouver dans le Code la nécessité de la transcription. Mais la jurisprudence fut tout entière unanime pour proclamer le principe de la transmission absolue de la propriété, par le seul effet du contrat.

Le Code avait-il tenu assez de compte de l'équité naturelle et des exigences légitimes du crédit public ? Il est certain que non. Aussi a-t-il été vivement attaqué, à ce point de vue, par les esprits les plus éclairés, surtout par l'illustre M. Troplong, jusqu'au 23 mars 1855, époque à laquelle, après cinquante ans d'expérience, une loi fameuse a rétabli l'obligation de la transcription pour les ventes en matière immobilière, et est revenue ainsi au système de la loi du 11 brumaire an VII. Cette loi de 1855 a répondu à un besoin social incontestable : elle est un nouveau pas fait dans la voie du progrès, tant au point de vue pratique qu'au point de vue philosophique. Aujourd'hui donc, il reste encore vrai de dire que la vente est bien par elle-même, et dès qu'elle existe, translative de propriété *à l'égard du vendeur ;* mais à *l'égard des tiers,* la mutation ne leur est opposable qu'à compter du jour où elle a été rendue publique par la transcription.

Le vendeur demeure, jusqu'à la transcription de la vente, propriétaire au regard des tiers : les droits qu'il a constitués avant, ou qu'il constitue depuis la vente, sont donc opposables à l'acheteur, pourvu toutefois que ceux en faveur desquels ils ont été constitués, aient pris soin eux-mêmes de les conserver en faisant transcrire. En négligeant de publier son droit de propriété, l'acheteur a commis une faute qui a permis de tromper le second acheteur : il doit en être puni.

Appliquons le principe que nous venons d'établir.

Le même immeuble ayant été vendu deux fois par la même personne à deux acheteurs successifs, la propriété passera sur la tête de celui des deux acheteurs qui, le premier, aura fait transcrire son titre. Il en sera de même, si, au lieu de deux ventes, nous supposons une vente et une donation. Que si deux acheteurs d'une même chose remplissent le même jour la formalité de la transcription, l'acte qui occupera la première place sur le registre des transcriptions l'emportera sur l'autre.

Je suppose que le vendeur ait, soit avant, soit après la vente, constitué des servitudes sur l'immeuble vendu. L'acheteur les devra subir, si l'acte par lequel elles ont été transcrites a été transcrit avant la transcription de son titre de vente. De même, si des hypothèques ont été constituées par le vendeur avant ou après la vente, elles seront opposables à l'acheteur ou elles seront nulles à son égard, suivant qu'elles auront été inscrites avant ou après la transcription de l'acte de vente.

Le défaut de transcription peut-il être invoqué par toute personne autre que le vendeur ou ses héritiers? Non. Ce droit n'est conféré qu'aux tiers qui ont acquis du chef du vendeur des droits sur l'immeuble, et qui les ont conservés en remplissant à temps les formalités prescrites par la loi. Donc, ne peuvent se prévaloir du défaut de transcription : 1° le vendeur ou ses héritiers ; — 2° les tiers qui, sans avoir traité avec le vendeur, se sont emparés de l'immeuble ; — 3° les créanciers chirographaires du vendeur. — L'acheteur peut donc, lorsque ces créanciers ont saisi l'immeuble qui lui a été vendu, le revendiquer et le faire distraire de la saisie (art. 725 à 727 du Code de procédure). Mais *quid*, si l'immeuble a été vendu postérieurement à la saisie? Si la vente a eu lieu et si elle a été transcrite avant la transcription de la saisie, les créanciers doivent la subir. Que si, au contraire, elle a été conclue alors que la saisie était déjà transcrite, elle reste sans effet à leur égard, et il en serait ainsi même dans le cas, où elle aurait été elle-même transcrite.

La vente d'un immeuble par un commerçant, qui depuis est tombé en faillite, a tout son effet contre les créanciers du failli, alors même qu'elle n'a été transcrite qu'après le jugement déclaratif de faillite. Au contraire, celle qu'il a consentie depuis sa faillite, même avant le jugement déclaratif de faillite, est, quant à eux, nulle et de nul effet.

CHAPITRE IV

De la cession des créances par voie de transport.
(Articles 1689 à 1691.)

Pour terminer le développement de cette thèse, j'ai à traiter rapidement de la cession des créances (art. 1689 à 1691 du Code Napoléon).

Le chapitre VIII du Titre de la Vente est intitulé : « Du transport des créances et autres droits incorporels. » Cette expression « *Droits incorporels.* » a été critiquée et avec raison : elle est, en effet, détestable. Car, qu'est-ce donc qu'un droit, si ce n'est une chose essentiellement incorporelle ?

J'intitule cette partie de mon travail : « De la cession des créances par voie de transport. » Le chapitre VIII de notre titre est étranger à la subrogation et à la délégation : il ne s'occupe que de la cession par vente, en d'autres termes et techniquement parlant, par voie de transport. La cession des objets corporels, meubles ou immeubles, porte le nom spécial de *vente*. La cession des créances, actions, hypothèques, etc. : *transport*. Je définirai donc la cession de créance : « une opération par laquelle le créancier transfère à titre singulier sa créance à un tiers. »

Les Romains n'admettaient pas qu'un créancier pût détacher une créance de sa personne pour la transmettre à un tiers. Pourquoi cela ? Les Romains se sont laissés évidemment influencer par cette idée, que toute créance constituait un lien entre deux personnes, le créancier et le débiteur ; et que le créancier Primus ne pouvait pas de lui-même faire en sorte que Secundus le débiteur eût un autre créancier que lui Primus. Mais il est constant que l'on reconnut assez vite à Rome que cette théorie était par trop rigoureuse et incommode au point de vue pratique. Aussi les Romains ont-ils eu recours à des procédés indirects, obliques, pour en arriver en fait, sinon en théorie, à une cession de créance. Ces procédés, quels sont-ils ? Ils sont au nombre de deux : la *délégation*, c'est-à-dire la novation volontaire par changement de créancier ; le mandat *in rem suam*. — D'abord, la *délégation*. Vous me devez 20,000 fr., et je voudrais que ce droit de créance, au lieu d'être entre mes mains, fût entre les mains de Secundus, mon cessionnaire. Je vous propose de vous libérer, mais en vous faisant promettre de devoir les 20,000 fr. à Secundus. Vous acceptez, je vous libère ; et Secundus devient votre créancier *ex nova causa*. Il n'y a pas cession du droit lui-même, si l'on veut ; mais il faut bien reconnaître qu'il y a là quelque chose qui y ressemble beaucoup. — Deuxième procédé. Je donne, moi créancier, mandat à Se-

cundus, mon cessionnaire, de poursuivre le paiement de ma créance ;
et lorsque Secundus aura obtenu paiement des 20,000 fr., il n'en sera
pas comptable envers moi. C'est le mandat *in rem suam.*

Dans l'état actuel de notre législation, la théorie romaine avec tous
ses procédés ingénieux, mais bien subtiles, n'existe plus. En droit
français, les créances sont directement aliénables comme tout objet
corporel, et susceptibles d'être vendues. Dès que la cession est accom-
plie, la créance qu'elle a pour objet passe directement de la personne
du cédant en la personne du cessionnaire, qui peut agir désormais,
non comme mandataire du cédant, mais en son propre nom, et de la
même manière que si le droit qu'il exerce était né en sa personne.

Il faut remarquer tout de suite que le droit cédé n'est pas toujours
absolument le même que dans la personne du cédant (1). Aux regards
du nouveau créancier, la créance est bien toujours ce qu'elle était aux
regards du créancier originaire. Mais il est aussi très-certain que le
nouveau créancier a des qualités qui lui sont propres, et qui peuvent
établir entre lui et le débiteur des rapports nouveaux.

Je suppose par exemple qu'un créancier majeur vende sa créance à
un mineur. La créance, qui était prescriptible en la personne du
créancier majeur, cesse de l'être en la personne du créancier mineur.

Quand la cession est-elle parfaite ?

Il y a ici une distinction capitale.

I. — Entre les *parties,* le transport d'une créance est parfait, comme
toutes les ventes, *solo consensu.* Il n'est pas le moins du monde nécessaire que le débiteur intervienne.

La vente conclue entre les parties, le cédant doit opérer la délivrance (art. 1603 du Code Napoléon). La délivrance s'opère le plus
souvent par la remise du titre ; en l'absence de titre, par l'usage que
le cessionnaire fait de la créance du consentement du cédant (art. 1607).
Mais la délivrance n'a pas pour but de contribuer au déplacement de
la propriété entre le cédant et le cessionnaire. Ce résultat est déjà

____

(1) Savante Dissertation de M. Bodin, doyen de la Faculté de Rennes, *Revue pratique,*
tome V, p. 145 et suivantes.

obtenu par le seul fait du consentement (art. 1583 du Code Napoléon).

II. — Mais à *l'égard des tiers*, la propriété de la créance ne se trouve pas déplacée *solo consensu*. Pour que la cession soit opposable à la fois et au débiteur et aux tiers, il faut qu'un certain fait extérieur vienne, soit au moment de la cession, soit postérieurement à la cession, révéler aux yeux des tiers l'existence de la cession. Jusque-là, vis-à-vis de toute personne autre que le cessionnaire, le cédant est et demeure créancier.

Quels sont les faits au moyen desquels la cession est rendue publique? Ces faits sont au nombre de deux. La cession devient opposable aux tiers, soit par l'acceptation authentique qu'en fait le cédé, soit par la signification qui lui en est faite, à la requête du cédant ou à la requête du cessionnaire.

(a). — Et d'abord, *acceptation authentique de la cession par le cédé.* (Article 1690, 2ᵉ alinéa.) Le débiteur peut accepter, soit au moment même de la cession, soit postérieurement à la cession. L'acceptation est concomittante à la cession, si la cession a lieu par acte authentique, et en présence du débiteur qui signe l'acte. La cession produit alors son effet au même moment, à l'égard des tiers et à l'égard des parties. L'acceptation est postérieure à l'acte, lorsque la cession est faite par acte sous-seing privé, ou, lorsqu'étant faite par acte authentique, elle l'a été en dehors de la présence du cédé. En pareil cas, la cession ne peut être opposée aux tiers qu'à partir du moment de l'acceptation. L'acceptation peut n'être que verbale : elle pourra même résulter implicitement d'un fait qui contiendra une adhésion nécessaire, comme par exemple si le débiteur payait au cessionnaire une partie de la somme due, ou des intérêts et des arrérages.

(b). — A défaut de l'acceptation de la cession faite par le débiteur, la cession sera rendue publique, et par conséquent opposable aux tiers, par la *signification qui en sera faite au cédé.* L'origine de cette disposition de l'art. 1690 du Code Napoléon (1ᵉʳ alinéa), se trouve dans l'art. 108 de la Coutume de Paris. La signification du transport au débiteur est une véritable prise de possession en cette matière. La con-

naissance indirecte que le débiteur pouvait avoir du transport, serait-elle de nature à suppléer au défaut de signification? Je crois que oui.

On s'est demandé comment il pouvait se faire que la publicité de la cession pût résulter de son acceptation authentique par le cédé, ou de la signification qui lui en a été faite? La réponse à cette question est facile. Il faut admettre que les tiers, qui seront sur le point de traiter avec le cédant, iront préalablement se renseigner près du cédé.

En résumé, la cession ne produit donc son effet à l'égard des tiers, qu'à compter du jour où elle a été acceptée dans un acte authentique par le cédé, ou qu'elle lui a été signifiée. Avant la signification, avant l'acceptation, la propriété, en ce qui concerne les tiers, repose sur la tête du vendeur. De cette proposition, je tire les conséquences suivantes :

1° Avant l'acceptation ou la signification, le débiteur ne peut pas opposer au cédant qui le poursuit, que lui, cédant, s'est dessaisi de ses droits.

2° Le tiers détenteur ne peut pas davantage opposer l'existence du transport.

3° Le cédant, non dessaisi par l'acceptation ou la signification, peut faire tous actes conservatoires.

4° Entre plusieurs cessionnaires successifs d'une même créance, c'est la date de l'acceptation ou signification qui règle la préférence. Si la créance a été donnée en gage à des tiers depuis qu'elle a été cédée, mais avant la publicité de la cession, la cession ne sera pas opposable à ces tiers.

5° Avant l'acceptation ou signification, les créanciers du cédant peuvent saisir entre les mains de son débiteur, quand bien même ils ne seraient devenus créanciers que postérieurement à la cession. Il y a mieux, je tiens pour certain, quoique la question ait été très-controversée, que si les créanciers du cédant avaient fait une saisie entre les mains du débiteur, avant la publicité de la cession, le cessionnaire ne pourrait empêcher l'effet de la saisie par une acceptation ou une signification postérieure.

6° Le débiteur a, depuis la cession, mais avant sa publicité, payé son créancier direct : il est valablement libéré, et le cessionnaire n'a aucun recours contre lui (art. 1691). Il ne peut agir que contre son cédant par l'action *ex empto*.

7° Autre observation très-importante. Avant la publicité de la cession, la compensation ne s'établit pas entre le cessionnaire et le débiteur cédé (Arrêt du 28 février 1825 de la Cour de Paris).

8° Le cessionnaire qui n'a pas signifié, ou qui n'a pas obtenu du cédé une acceptation authentique, ne peut pas faire tierce-opposition au jugement intervenu entre le cédant et le débiteur (Arrêt de la Cour de cassation, du 16 juillet 1816).

9° Le cessionnaire peut-il surenchérir sans avoir notifié son transport, ou obtenu du cédé une acceptation authentique? Les meilleurs esprits, notamment M. Troplong, admettent la négative. En effet, s'il est vrai que le cessionnaire peut prendre des mesures conservatoires, il est non moins certain qu'il ne peut aller jusqu'à exécuter, ou dépouiller, ou troubler les tiers. J'en conclus qu'il ne peut surenchérir. La Cour de cassation a cependant décidé le contraire par un arrêt de rejet bien curieux, mais que je trouve très-inique, lequel arrêt porte la date du 22 juillet 1828 (1).

L'acceptation faite par le débiteur cédé, et la notification, qui lui est adressée par le cédant ou le cessionnaire, ne doivent pas être mises sur la même ligne. En effet, quand le débiteur accepte, il renonce à toutes les fins de non-recevoir antérieures, qu'il aurait pu faire valoir contre le cédant. Quand il se laisse notifier la cession, *a contrario*, il conserve le droit d'invoquer contre le cessionnaire tous les moyens et exceptions qu'il aurait pu opposer au cédant. L'art. 1295 du Code fournit une application de ce principe. Antérieurement à la cession, le débiteur cédé est devenu créancier du cédant, et il accepte purement et simplement la cession. Pourra-t-il opposer au cession-

____

(1) Cet arrêt est examiné avec détails et discuté très-savamment par M. Troplong, dans son commentaire des articles 1689, 1690 et 1691 du Code Napoléon.

naire la compensation qu'il eût pu invoquer contre le cédant ? Il faut
répondre que non. Si, au contraire, le cessionnaire est obligé de lui
faire une notification, sera-t-il fondé à se prévaloir de la compensation ? Oui. La signification n'empêche la compensation que pour l'a-
venir.

Cela dit, quels sont les tiers auxquels la cession n'est pas opposable, lorsqu'il n'y a pas eu d'acceptation ou de notification ? On a dit
que les tiers sont tous ceux qui, depuis la cession, ont acquis du cédant des droits dont l'efficacité serait compromise, si cette cession
leur était opposable. On a dit aussi que ce sont tous ceux qui n'ont
pas été parties à la cession, et qui ont intérêt à ce que le cédant soit
toujours créancier. Ces deux formules sont exactes. Cependant la
seconde est préférable. Il en résulte que par tiers, il faut entendre :

1° Le cédé lui-même ;

2° Un second ou troisième cessionnaire;

3° Les créanciers à qui la créance serait postérieurement remise
en gage ;

4° Les créanciers du cédant qui ont pratiqué une *saisie-arrêt* entre
les mains du cédé.

Quels sont les effets de la cession ? Elle produit un double effet :
1° Elle opère le déplacement de la créance ; 2° elle crée des obligations pour chaque partie.

1° Elle déplace la créance. Comment le transport s'opère-t-il ?
L'art. 1692 se contente de dire que la créance passe au cessionnaire
avec les accessoires, tels que caution, privilége, hypothèque, etc. Ce
n'est pas assez dire. Il reste toujours à savoir si les qualités bonnes
ou mauvaises du cédant investissent le cessionnaire. Pour cela, il faut
distinguer. Quand la cession est achevée, la créance subsiste, mais
le créancier est changé. Dès lors, ne peut-on pas dire que toutes les
qualités *rei cohærentes* subsistent après la cession ? Quant à celles qui
tiennent à la personne, elles varient avec le cédant ou le cessionnaire.
Ainsi le cessionnaire pourra se prévaloir du cautionnement, du privilége, du nantissement (gage ou antichrèse), d'un titre exécutoire,

d'une clause pénale, etc. La compétence des tribunaux, la caution *judicatum solvi*, la suspension de la prescription sont, au contraire, *personæ cohærentes*. Elles seront susceptibles de changement avec le cédant ou le cessionnaire.

Que dire maintenant des accessoires qui ne se rattachent qu'indirectement à la créance? Des actions en nullité ou en rescision du contrat de vente, de l'action en résolution pour défaut de paiement du prix? Distinction. Les actions en nullité ou en rescision ne sont pas transmissibles au cessionnaire. Quant à l'action en rescision pour défaut de paiement du prix, elle lui est transmissible. Car cette action n'est pour le cessionnaire qu'un moyen d'obtenir le prix qui a été promis au cédant.

2° La cession crée des obligations pour chaque partie.

Les obligations principales du cédant sont la délivrance et la garantie. Le concessionnaire doit payer le prix et accessoirement les frais et loyaux coûts du contrat. Je ferai remarquer, en terminant, que toutes les créances ne sont pas susceptibles d'être cédées. Sont incessibles : 1° Les pensions de la caisse des retraites pour les vieillards ; 2° les traitements de réforme ; 3° les traitements de la Légion d'Honneur et des médecins militaires.

Autre observation très-importante. Certaines créances sont transportées d'une personne à une autre par le seul effet de la cession, sans acceptation de la cession par le cédé, sans signification. Ce sont les créances commerciales. Les billets à ordre et les lettres de change se transmettent en effet *erga omnes*, par un simple endossement. Il en est de même des billets au porteur, pour lesquels la tradition de la main à la main suffit. Les rentes sur l'Etat se transmettent *erga omnes*, par une inscription sur les registres du Trésor public; et les actes des sociétés commerciales par une inscription sur les registres de la société.

CODE DE COMMERCE.

DES ACHATS ET VENTES.

(Art. 109.)

Le titre VII du 1er Livre du Code de commerce est intitulé : *Des achats et ventes.* Malgré cette rubrique qui est assez générale, le titre VII n'a pas pour objet de poser des règles relativement aux conditions nécessaires à la formation et à la validité de la vente : il n'a trait uniquement qu'à la *preuve du contrat.*

D'un autre côté, quoique l'intitulé de ce titre ne comprenne que les *achats et ventes,* il est très-certain que les divers moyens de preuve qui sont énumérés dans l'unique article du titre VII, — qui forme l'article 109 du Code de commerce, — s'appliquent en principe à tous les engagements commerciaux. J'en excepterai toutefois ceux de ces engagements dont la validité et la preuve exigent la formalité de l'écriture.—(art. 39, 40, 195, 273, 332 du Code de commerce).—Le législateur n'a parlé que des achats et ventes dans l'article 109, parce qu'il est incontestable que la vente est le contrat le plus universellement répandu dans le commerce.

Les divers modes de preuve des engagements commerciaux en général, indiqués par l'article 109, sont au nombre de sept: 1° les actes publics ; 2° les actes sous signature privée ; 3° les bordereaux ou arrêtés des agents de change ou courtiers, dûment signés par les par-

12

ties; 4° les factures acceptées; 5° la correspondance; 6° les livres des parties; 7° la preuve testimoniale.

L'art. 109 s'arrête là dans son énumération. Mais tout le monde reconnaît que cet article n'est pas limitatif. Les engagements commerciaux peuvent encore être prouvés : — 8° par les présomptions (Article 1353 — Code Napol.); 9° par l'aveu (Art. 1354 — Code Napol.); 10° par le serment (Art. 1357 — Code Napol.).

J'examine rapidement chacun de ces modes de preuve.

1° *Actes publics*. — En général, on entend par *Actes publics*, tous actes quelconques que font les fonctionnaires et les officiers publics compétents ou auxquels ils concourent. Mais l'acte public dont parle l'art. 109 n'est autre que l'acte notarié, qui est régi par les règles ordinaires concernant ce genre d'actes.

2° *Actes sous signature privée*. — L'acte *sous-seing privé* est celui qui est rédigé par les contractants eux-mêmes, ou que les parties souscrivent après l'avoir fait écrire par une autre. Il n'est pas, en matière commerciale, soumis absolument aux mêmes règles qu'en matière civile. Ainsi la date des actes sous-seing privé, en matière de commerce, peut être reconnue par la justice certaine à l'égard des tiers, quoiqu'on ne se trouve pas dans l'une des conditions prescrites par l'art. 1328 du Code Napoléon, par exemple quoique cet acte n'ait pas été enregistré. Du moins telle est l'opinion générale. Le contraire a cependant été soutenu. — Il est aussi admis presque universellement que la formalité des doubles prescrite par l'art. 1325 du Code Napoléon, n'est pas exigée en matière de droit commercial, lorsqu'un texte spécial n'a pas assujetti l'acte à cette formalité, comme la loi l'a expressément décidé par exemple au cas de Société (Art. 39 du Code de commerce.)

Enfin, lorsque l'acte sous-seing privé renfermant un engagement unilatéral est souscrit par un commerçant, le Code Napoléon dispense le commerçant de la formalité du *bon ou approuvé*, dont parle l'article 1326, Code Napoléon.

Quid si le souscripteur n'était pas commerçant, mais que son engagement fût commercial? Le bon ou approuvé serait en général nécessaire pour la validité de l'acte.

3° *Le bordereau ou arrêté de l'agent de change ou courtier* — est une espèce de procès-verbal, constatant la négociation, rédigé par l'agent de change ou courtier, et remis à chacune des parties qui le signent.

Quel est le caractère du bordereau? Et d'abord, peut-on dire que c'est un acte authentique? A première vue, il semble que oui! En effet, c'est un acte dressé par un officier public compétent (excepté au cas où il s'agit d'un courtier de marchandises : car les courtiers de marchandises ne sont plus aujourd'hui des officiers publics.) Cependant l'art. 109, mentionnant, dans son premier alinéa, comme premier moyen de preuve des achats et ventes, les *actes publics*, place ensuite le *bordereau* dans une catégorie particulière. Puis, le bordereau doit être signé par les parties. Enfin, les solennités requises pour la validité d'un acte authentique, ne sont pas exigées pour le bordereau (art. 1317 du Code Napoléon.) Le bordereau n'est donc pas un acte authentique semblable à l'acte notarié. D'autre part, ce n'est pas non plus un simple acte sous-seing privé, autrement le troisième alinéa de l'art. 109 serait sans utilité aucune.

Quelles conséquences devons-nous tirer de là? Du principe que le bordereau n'est pas un acte authentique, il résulte qu'il n'emporte pas exécution parée, et qu'il ne pourrait renfermer une constitution d'hypothèque. D'un autre côté, comme ce n'est pas là un acte sous seing-privé, il est dispensé de la formalité du *bon* ou *approuvé*; de plus, il ne pourrait être dénié ou méconnu comme l'acte sous signature privée, par la partie à laquelle on l'oppose. — Mais fait-il foi de la convention jusqu'à preuve contraire? N'est-il pas nécessaire, au contraire, d'avoir recours à la voie de l'inscription de faux contre le bordereau? Je crois, quant à moi, que le bordereau fait foi pleine et entière de la convention jusqu'à preuve contraire.

Les registres et carnets des agents de change et courtiers, — en en exceptant toutefois les courtiers de marchandises, — peuvent servir pour constater la convention, lorsqu'il n'a pas été fait de bordereau, ou lorsque le bordereau dressé a été perdu accidentellement. Toutefois, ici le juge aura un pouvoir discrétionnaire pour bien faire son appréciation.

4° — *Facture acceptée.* — On appelle *facture* ou *état détaillé* indiquant la nature, la quantité, la qualité et le prix des choses qui font l'objet de la négociation. La facture n'établit la convention qu'autant qu'elle a été acceptée. Mais est-il nécessaire que l'acceptation soit écrite ? On reconnaît généralement que non. L'acceptation peut être tacite : elle peut être prouvée par témoins. Elle peut enfin résulter des circonstances, de la correspondance ou de la mention qui en aurait été faite sur les livres de l'une des parties.

La facture peut être à personne dénommée, ou bien à ordre, ou bien même au porteur. La facture a-t-elle date certaine à l'égard des tiers, sans l'accomplissement de l'une des conditions de l'art. 1328 du Code Napoléon ? Les auteurs les plus considérables, qui ont écrit sur la législation commerciale, admettent en général l'affirmative.

5° — *Correspondance.* — Les commerçants sont tenus d'avoir trois livres : 1° le livre-journal ; 2° le livre des copies de lettres ; 3° le livre des inventaires (art. 8, 9, 10, 11, titre II du Code de comm.). Il s'agit, dans le cinquième alinéa de l'art. 109, du *livre des copies de lettres.* Les commerçants sont tenus de mettre en liasse les lettres missives qu'ils reçoivent, et de copier sur un registre appelé *livre des copies de lettres*, celles qu'ils envoient (art. 8 du Code de comm.). Le livre des copies de lettres, revêtu des formalités auxquelles l'astreint le Code, est un moyen de preuve des transactions commerciales. Quelle est sa force probante ? On doit distinguer deux hypothèses : 1° La contestation a lieu entre un commerçant et une personne non commerçante. La correspondance fait preuve *contre le commerçant* et non *en sa faveur* ; le juge pourra seulement déférer le serment supplétoire au commerçant, eu égard aux circonstances (art. 1330, 1328, 1367, Code Napoléon). La production du livre ne serait pas un motif pour admettre la preuve testimoniale, sur la demande du commerçant, si la valeur en litige excédait 150 fr.; — 2° que si la difficulté s'élève entre deux commerçants, une distinction est encore nécessaire. Si la contestation a lieu pour faits de commerce (art. 12, Code de comm.), quand même il ne s'agirait pas des faits du commerce de celui à qui on l'oppose, le livre des copies de lettres peut être admis comme moyen de preuve. *Secus*, s'il s'agissait d'actes non commerciaux.

6°— *Livres des parties.*— Il s'agit ici des deux autres livres que doit tenir le commerçant : le *livre-journal* et le *livre des inventaires*. Le *livre-journal*, ainsi appelé parce qu'il se tient jour par jour, doit relater les dettes actives et passives, toutes les opérations et négociations du commerçant ; tout ce qui entre dans sa caisse et tout ce qui en sort, à quelque titre que ce soit. Mais il suffit que les sommes employées à la dépense de la maison soient énoncées en bloc à la fin de chaque mois (art. 8 du Code de commerce). — Le *livre des inventaires* est le registre spécial sur lequel les commerçants doivent transcrire l'inventaire qu'ils sont obligés de faire chaque année de leur actif et de leur passif (art. 9 du Code de commerce).

Pour savoir quelle est la force probante de ces deux livres, il faut appliquer les solutions que nous venons de donner à propos de la correspondance.

7°— *Preuve testimoniale.*— Le principe ici, c'est que la preuve par témoins est admissible dans tous les cas, en matière commerciale, quelle que soit l'importance de la contestation, lors même que la valeur de l'objet en litige excède 150 fr., à moins qu'il n'y ait dans la loi une disposition spéciale qui s'y oppose.

L'origine de cette règle se trouve dans l'unanimité constante des usages, qui dérogèrent toujours en matière commerciale, à l'ordonnance de Moulins. Cette ordonnance en fixant une limite au-delà de laquelle la preuve par témoins serait inadmissible, ne faisait aucune distinction entre les matières civiles et les matières commerciales ; mais l'usage ne reçut jamais cette disposition comme règle. C'est cet usage qui a été consacré par l'art. 1341 du Code Napoléon, qui excepte les matières commerciales de la règle qu'il consacre, à savoir que, en matière civile, la preuve testimoniale n'est pas reçue, lorsqu'il s'agit d'une somme excédant 150 fr.

Quel est le motif de cette exception au droit commun? Le législateur a eu en vue évidemment de faciliter les transactions commerciales, qui, en raison même de leur multiplicité et des circonstances dans lesquelles elles s'opèrent, seraient absolument impraticables, si elles ne pouvaient être prouvées qu'à l'aide d'un écrit ou d'un commencement de preuve par écrit.— Il faut bien remarquer cependant que la preuve testimoniale, en matière commerciale, n'est que *facultative*. Les juges ont seulement la faculté de l'admettre. Elle n'est jamais obligatoire, lorsqu'il s'agit d'une somme excédant 150 fr. Cela ressort des termes mêmes qu'emploie le législateur , et n'est contesté par personne.

Mais une question très-controversée et très-controversable, il faut bien le reconnaître, est celle de savoir si la preuve testimoniale est encore facultative, lorsque la valeur de l'objet en litige est inférieure à 150 fr., si le juge violait la loi en refusant de l'admettre dans ce cas.

Une première opinion, admise par M. Duranton (Tom. XIII, n° 341), soutient que, lorsque l'objet de la contestation est au-dessous de 150 fr., les juges sont *obligés* d'admettre la preuve testimoniale. Cette opinion se base sur le raisonnement suivant. En droit civil, dit-on, cette preuve doit être admise, lorsqu'il ne s'agit pas d'une somme au-dessus de 150 fr. Le droit commercial, ayant eu pour but d'étendre la disposition du droit civil, en accordant au juge la faculté d'admettre la preuve par témoins, même au-delà de cette somme, et non de la restreindre, ce qui aurait incontestablement lieu, si le juge n'était pas obligé d'admettre la preuve testimoniale au-dessous de 150 fr., les tribunaux de commerce violeraient la loi, en refusant d'admettre cette preuve dans le cas dont il est question.

Un second système, qui a pour partisans MM. Delamarre, Lepoitevin et Bravare, prétend que la preuve testimoniale est toujours *facultative* en matière commerciale, même lorsque la valeur de l'objet en litige est inférieure à 150 fr. Et en effet, disent les auteurs de ce système, l'art. 109 du Code de commerce porte que les achats et ventes se constatent par témoins, *dans le cas où le tribunal croira devoir l'admettre*. Cet article ne distingue pas si la chose en litige est supérieure ou inférieure à 150 fr. Conclusion : il est impossible d'introduire une disposition du Code civil dans un cas où le Code de commerce a une disposition spéciale.

Je n'hésite pas, pour mon compte, à adopter cette seconde opinion, que je considère comme plus conforme à la nature des choses et à l'ensemble des idées qui ont présidé à la confection de notre Code de commerce. Je dis donc que la preuve testimoniale est *toujours facultative* en matière de commerce.

Les juges des tribunaux de commerce ont aussi un pouvoir discrétionnaire pour admettre la preuve par témoins *contre* et *outre* le contenu aux actes, à moins toutefois que la modification, que l'on veut prouver par témoins, ne se rattache à une convention qui devait être constatée par écrit.

Je remarque enfin que ce n'est pas seulement lorsqu'un procès *entre commerçants* est porté devant les tribunaux de commerce, que ces tribunaux ont la faculté de recevoir la preuve testimoniale, sans aucune limitation, mais encore dans le cas où la contestation est relative à *un acte de commerce entre non-commerçants*. (Art. 631 du Code de commerce, combiné avec l'art. 109.) — Que si l'acte, n'étant commercial que d'un seul côté, le procès était porté devant un tribunal civil, on rentrerait dans le droit commun, et la preuve testimoniale ne serait pas admissible au-dessus de 150.

8. — *Présomptions légales.* — Elles doivent être admises par les juges en matière de commerce.

Quid des présomptions humaines? Les juges peuvent les admettre en général, puisque ce genre de preuve peut être reçu dans tous les cas, où la preuve testimoniale est admissible (art. 1353 du Code Napoléon).

9. — *Aveu.* — C'est encore un mode de preuve des opérations commerciales. L'aveu est *judiciaire* ou *extra-judiciaire*. La preuve

par témoins de l'aveu *extra-judiciaire* sera le plus souvent reçue en matière commerciale, puisque la preuve testimoniale peut, en général, être admise par les juges.

10. — *Serment.* — Enfin, le serment lui aussi est reçu comme preuve devant les tribunaux de commerce.

Les principes du Code civil sur le serment *décisoire* et le serment *supplétoire* (art. 1357 et suivants du Code Napoléon), seront applicables.

APPENDICE.

Observations et questions sur la vente commerciale

Le titre dont nous venons de présenter l'explication sommaire, n'a trait uniquement qu'à la preuve. Le Code de commerce ne trace nulle part ailleurs de règles sur la vente commerciale, considérée en elle-même. Faut-il appliquer en cette matière les dispositions du Code de commerce sur la vente ? La question a été posée d'une manière plus générale. On s'est demandé si le Droit civil est applicable comme *droit-loi* dans tous les cas non résolus explicitement ou implicitement par le Droit commercial. Je crois, quant à moi, quoique la question soit très-controversée, que le Code Napoléon, en l'absence de toute disposition dans le Code de commerce, est la loi à suivre, qui est le complément nécessaire du droit commercial. L'opinion contraire me semble conduire en pratique à un vague et à un arbitraire effrayants. La Cour de cassation a admis plusieurs fois ce système (notamment par deux arrêts, l'un du 5 juillet 1820, l'autre du 6 juin 1848.) Cette doctrine était aussi celle du Conseil d'Etat, dans un avis du 13 décembre 1811,

approuvé le 22 du même mois. Enfin, elle a été solennellement pro-
clamée dans l'Exposé des motifs de la loi du 23 mai 1863 sur le gage
commercial. Il est d'ailleurs incontestable qnc la doctrine, dont il
s'agit, est soutenue par le plus grand nombre des auteurs.

Je crois donc, quant au point qui nous occupe, que les dispositions
du Code Napoléon sur la vente doivent, en général, être appliquées
en matières de commerce. Cela dit, j'entre dans quelques explications.

J'ai traité assez longuement, dans le 1er chapitre de cette thèse, des
ventes par correspondance en droit civil. Dans le commerce, ce genre
de ventes est très-usité. Lorsqu'une proposition d'achat est faite par
cette voie, jusqu'à quel moment celui qui a fait la proposition peut-il
la rétracter? On est, en général, d'accord pour reconnaître que l'auteur de la proposition peut la rétracter tant que la lettre n'est pas reçue par le destinataire. Mais une question très-débattue est celle de
savoir à quel moment précis le contrat se forme en pareille hypothèse.
On a soutenu que le contrat existe et que la vente est parfaite, dès
que celui à qui la lettre est adressée a répondu, lors même que cette
réponse n'est pas encore connue de celui qui a fait la proposition. La
vente, dit-on, se forme par le simple consentement des parties : or, ce
consentement existe, lors même que l'auteur de la proposition n'a
pas encore connaissance de l'acceptation. L'article 932 du Code Napoléon — *in fine* — que l'on objecte, dans le système contraire, n'a
trait uniquement qu'aux donations entre-vifs. — Je crois très-inexacte
cette manière d'envisager la question. Il me paraît que, lorsqu'une
proposition d'achat est faite au moyen d'une lettre, le contrat n'est
pas formé et la rétraction peut avoir lieu, tant que celui qui a fait la
proposition n'a pas connaissance de l'acceptation qui peut en être
faite. Le consentement n'existe et ne peut logiquement exister de
part et d'autre, qu'autant qu'il est connu des deux correspondants (1).

____

(1) Voir Merlin, Pardessus, Delamarre, Lepoitevin, Troplong.

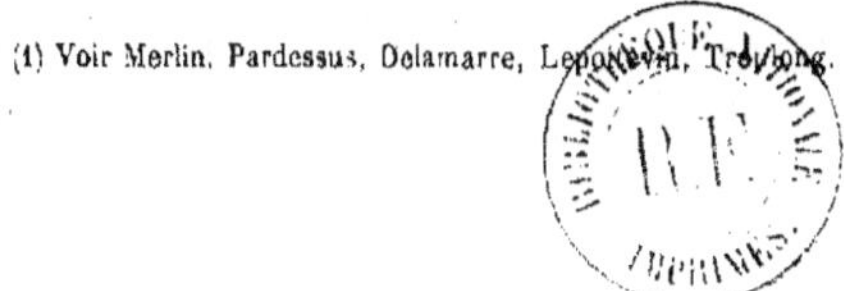

13

Selon l'art. 1587 du Code Napoléon, lorsqu'il s'agit du vin, de l'huile et des autres choses qu'on est dans l'usage de goûter avant d'en faire l'achat, il n'y a point de vente tant que l'acheteur ne les a pas goûtés et agréés. On décide assez généralement que, lorsque l'achat constitue un acte de commerce, la règle de l'art. 1587 ne doit plus être suivie. La vente est parfaite indépendamment de la dégustation. Ce n'est que lorsqu'il s'agit de marchés faits pour la consommation particulière de l'acheteur, qu'il n'y a point de vente tant que les marchandises n'ont pas été dégustées et agréées.

Quid, dans le cas de marchandises expédiées sur commande? Si l'on s'en tient à la doctrine de la Cour de cassation, l'art. 1587 du Code Napoléon doit recevoir ici son application : en d'autres termes, l'acheteur destinataire peut refuser la marchandise en disant qu'elle n'est pas de son goût personnel, et l'expéditeur ne pourra pas le contraindre à une expertise, pour le forcer ensuite à la prendre, si les experts déclare qu'elle est de qualité loyale et marchande. Selon MM. Troplong, Delamarre et Lepoitevin, la marchandise expédiée sur commande ne peut pas être refusée arbitrairement par l'acheteur : il sera tenu de la recevoir si elle est d'une qualité loyale et marchande. Je crois cette seconde opinion plus conforme à l'intérêt du commerce et aux textes mêmes de la législation commerciale, notamment à l'art. 100 du Code de commerce.

A partir de quel moment, en matière commerciale, l'acheteur devient-il propriétaire de la chose vendue? Dans le cas d'une vente commerciale pure et simple, l'acheteur devient propriétaire de la chose vendue, dès qu'on est convenu de la chose et du prix, s'il s'agit d'un corps certain. Si la vente a lieu au compte, au poids ou à la mesure, une distinction est nécessaire. Dans la vente entre absents, l'acheteur ne devient propriétaire de la marchandise que lorsqu'elle est sortie des magasins du vendeur. Dans la vente entre présents, la propriété est transmise par l'opération du pesage ou du mesurage.

D'après l'article 1657 du Code Napoléon en matière de denrées et effets mobiliers, la résolution de la vente a lieu de plein droit et sans sommation au profit du vendeur, après l'expiration du terme convenu pour le retirement. La question en matière commerciale est très-délicate : elle a toujours été l'objet de vives controverses.

Suivant une première opinion, même en matière commerciale, la résolution aura lieu de plein droit, sans sommation, au profit du vendeur, pour deux raisons principales : 1° parce que l'art. 1657 est général, et ne fait aucune distinction; 2° parce que le Code de commerce, postérieur de plusieurs années au Code Napoléon, ne renferme aucune exception à la disposition de l'art. 1657. Cette opinion semble être celle de la Cour de cassation.

Mais d'après plusieurs auteurs, pour que la demeure de retirer soit encourue, une sommation est nécessaire. Cette opinion se fonde d'abord sur ce fait que les usages qui régissaient autrefois les ventes commerciales, et d'après lesquels la vente n'était jamais résolue de plein droit, n'ont pas été abrogés. On allègue aussi certaines discussions qui ont eu lieu lors de la confection du Code Napoléon, et desquelles, dit-on, il ressort bien clairement que les rédacteurs du Code n'ont pas eu l'intention d'appliquer l'art. 1657 aux matières commerciales. Je serais assez porté à admettre la doctrine de la Cour de cassation. Mais, je le répète, la question est très-délicate et bien difficile à trancher.

Parmi les principales différences qui existent entre la vente civile et la vente commerciale, on peut encore citer les suivantes, qui ne sont guère sujettes à controverse : 1° La vente commerciale n'a trait qu'aux choses mobilières ; la vente civile peut comprendre les meubles et les immeubles. — 2° La solidarité a lieu de plein droit entre acheteurs dans la vente commerciale; on sait qu'il faut qu'elle soit expressément stipulée dans la vente civile. — 3° Celui qui vend des objets mobiliers non payés à un commerçant, qui tombe en faillite, n'a ni le droit de revendication, ni le privilége accordé au vendeur, en matière civile, par l'art. 2102. — 4° du Code Napoléon — (Art. 550 du Code de commerce). — 5° Il faut enfin remarquer que la créance résultant de la vente de marchandises consenties par un marchand à un non marchand, se prescrit par un an, tandis que l'action résultant d'une vente civile se prescrit par trente ans.

QUESTIONS CONTROVERSÉES.

DROIT ROMAIN.

I. — An commoda et incommoda venditæ rei, antequam res tradita fuerit, emptorem sequi debeant? — Affirmo.

II. — An juris periti in rem quamdam publicianam actionem ad - miserint? — Credo quidem.

DROIT FRANÇAIS.

CODE CIVIL.

I. — Les étrangers qui résident en France sans autorisation spé- ciale du Gouvernement, ont-ils tous les droits civils que la loi fran - çaise ne leur a point expressément ou tacitement retirés ? — Oui .

II. — L'engagement dans les ordres sacrés, qui ne constitue certai - ment pas un empêchement *dirimant* au mariage, est-il au moins u n empêchement *prohibitif?* En d'autres termes, l'officier de l'état civil *peut*-il, ne *doit*-il pas même refuser de célébrer le mariage d'un prêtre qui, renonçant à son ministère, est rentré dans la vie civile ? — Non.

III. — Les donations déguisées sous l'apparence d'un contrat à titre onéreux sont-elles valables, même en l'absence des formes pres - crites pour la validité des donations ? — Non.

IV. — L'acceptation faite par la femme en cas de remploi d'un de ses propres, a-t-elle un effet rétroactif? — Oui.

V. — Le subrogé-tuteur peut-il se porter adjudicataire des biens du mineur ? — Il faut distinguer : Il ne le peut pas, si la vente est *volontaire*. Il le peut, au contraire, dans le cas de vente *forcée*, poursuivie sur la saisie des créanciers.

VI. — L'hypothèque peut-elle porter sur des biens à venir, même lorsqu'on ne possède actuellement aucun immeuble? — Oui.

CODE DE PROCÉDURE CIVILE.

La capacité nécessaire pour faire un désistement d'*instance* est-elle la même que celle qui est prescrite pour un désistement d'*action ?* En d'autres termes, doit-on dire que le désistement d'*instance* ne peut être fait que par ceux qui ont l'entière et pleine disposition du droit litigieux ? — Non.

CODE DE COMMERCE.

La formalité des doubles, prescrite par l'art. 1325 du Code civil pour les conventions synallagmatiques constatées par acte sous signature privée, est-elle applicable aux actes sous-seing privé en matière commerciale, lorsqu'une disposition spéciale de la loi n'a pas assujetti l'acte à cette formalité ? — Non.

DROIT PÉNAL.

L'homicide et les blessures, lorsqu'ils sont le résultat d'un due loyalement accompli, sont-ils compris dans les dispositions du Code pénal qui punissent le meurtre et les blessures volontaires? — Non.

DROIT ADMINISTRATIF.

La loi du 18 décembre 1814, qui interdit de travailler le dimanche et les jours fériés, est-elle tacitement abrogée ? — Oui.

Vu pour l'impression:
Le Doyen :
ED. BODIN.

Rennes, imp. et librairie T. Hauvespre, rue Nationale, 4, et rue de Viarmes, 15.